Volker Resing

Angela Merkel

Die Protestantin

Ihr Aufstieg, ihre Krisen – und jetzt?

HERDER

FREIBURG · BASEL · WIEN

HERDER spektrum Band 6588

MIX
Papier aus verantwor-
tungsvollen Quellen
FSC® C083411

Copyright © 2015 St. Benno Buch und Zeitschriften
Verlagsgesellschaft GmbH Leipzig
Titel der Originalausgabe: Angela Merkel - Die Protestantin

© Verlag Herder GmbH, Freiburg im Breisgau 2017
Alle Rechte vorbehalten
www.herder.de

Umschlagkonzeption: Gestaltungssaal
Umschlaggestaltung: © www.chaperonphotographie.de

Satz: Arnold & Domnick, Leipzig
Herstellung: CPI books GmbH, Leck

Printed in Germany

ISBN 978-3-451-06588-0

Inhalt

Einleitung –
Die neue und die alte Kanzlerin

Die neue Kanzlerin tritt das erste Mal am 31. August 2015 auf. Ab jetzt wird Angela Merkel allmählich zur Flüchtlingskanzlerin. Nur bemerkt es an dem Vormittag in Berlin in der Bundespressekonferenz kaum einer. Das Neue kommt bei Angela Merkel – wenn überhaupt – schleichend und ohne großen Knall daher. Erstmals verwendet sie an diesem Tag die Formel, die später Karriere macht: »Das Motiv, mit dem wir an diese Dinge herangehen, muss sein: Wir haben so vieles geschafft – wir schaffen das.«

Später ist viel in diesen Satz hineingedeutet worden. Als Merkel ihn spricht, fällt er kaum einem auf. Merkel löst Probleme, das macht sie immer so. Alle andern schauen zu. Ein Routinetermin, ein Routinesatz, eine Routinekanzlerin – und doch etwas Neues?

Einmal im Jahr im Sommer setzt sich Angela Merkel vor die blaue Wand im Haus der Bundespressekonferenz unweit des Kanzleramtes auf der anderen Seite der Spree und stellt sich rund zwei Stunden lang den Fragen der Journalisten. Eine Mischung aus Bilanzpressekonferenz und Klassentreffen. Manchmal geht es um die großen Linien der Politik, manchmal auch nur um den Alltag einer Kanzlerin im Supermarkt. Im August 2015 im zehnten Jahr von Merkels Kanzlerschaft scheint es nur das Übliche zu sein. Merkels *Dinner for one*.

Der Netz-Journalist Tilo Jung stellt in der Pressekonferenz gegenüber Merkel eine gewohnt spöttische Frage: »Was möchten Sie noch Großes erreichen?«, will er wissen. Und: »Warum sind Sie noch Kanzlerin?« Ihre Vorgänger hätten auch nach so langer Zeit im Amt keinen politischen Antrieb mehr gehabt, fügt er hinzu.

Soweit zur Stimmung in Berlin in jenem August 2015: Es passiert nichts Neues. Merkel bleibt ungerührt. Sie zählt ein paar »Herausforderungen« auf und erklärt, sie tue ihre Pflicht und wolle Deutschland dienen. Doch keiner bemerkt, dass Merkel das »Große«, das sie erreichen will, gerade genannt hat. Merkels Mission, so denken alle, ist nicht existent. Doch in den darauffolgenden Monaten ändert sich dies. Die Flüchtlinge, so scheint es, sind ihre Mission.

Ein Jugendwort des Jahres 2015 war »merkeln«. Es stand für »nichts tun, nichts sagen und keine Entscheidung treffen«. Es bündelt geradezu frappierend die allgemeine Sicht auf Merkels Politikstil. Tilo Jung fragt, was sie zu dieser Zuschreibung meint. Merkel antwortet, dies beschäftige sie nicht, sie nehme es »emotionslos zur Kenntnis«. Das passt (noch) ins Bild. Spätestens im Herbst 2015 aber wird dann - zumindest in der öffentlichen Wahrnehmung - aus der emotionslosen Merkel die emotionale Flüchtlingskanzlerin?

Merkel war immer die unwahrscheinliche Kanzlerin und sie ist immer auch die unbekannte Kanzlerin, die Unerklärliche geblieben. Die Beobachter kreisen um Angela Merkel seit den frühen 90er-Jahren, als sie als Quereinsteigerin aus dem Osten in der Politik auftaucht. Sie war ein unbeschriebenes Blatt,

35 Jahre alt als die Mauer fiel. Anders als etwa bei Helmut Kohl und Gerhard Schröder, deren Charaktere und Motivlagen doch irgendwann entschlüsselt waren, ist sie ein Stück rätselhaft geblieben. Bis heute. Das belegen auch die vielen Zuschreibungen, die ihr zuteilwerden, die aber immer wieder abperlen wie Wasser auf dem Ginkoblatt. *Bild*-Journalist Nicolaus Blome wähnt sie einmal als die »Zauder-Künstlerin«, die zur Mitte der Legislaturperiode zurücktreten werde, weil sie ihre Mission erfüllt sähe. Doch von Rücktritt im Sommer 2015 fehlt jede Spur.

Deutschland hatte sich an Angela Merkel gewöhnt. Aus einer völlig unerwartbaren Kanzlerschaft war eine fast schon langweilige Selbstverständlichkeit geworden. Die Routinekanzlerin. Die Merkel-Kanzlerschaft als absoluter Normalitätszustand. Der glücklose SPD-Politiker Thorsten Albig bringt dies ausgerechnet im Sommer 2015 mit seiner Forderung auf den Punkt, die SPD solle zur Bundestagswahl keinen Kanzlerkandidaten aufstellen. Denn besser als Merkel könne das auch kein Sozialdemokrat.

Bei Merkel wechseln die Charakterisierungen immer wieder – genauso schnell, wie sie auftauchen. Hier noch Nichtstuerin, ein paar Wochen später Flüchtlingskanzlerin - wahlweise als Heldin gefeiert oder als Deutschlands Totengräberin gebrandmarkt. Wiederum zwei Jahre später im Sommer 2017 scheinen selbst diese Aufgeregtheiten schon lange zurückzuliegen.

Das vielleicht Überraschendste ist, dass die Flüchtlingskrise in besonderer Weise auch die Frage nach Merkels persönlicher Haltung, eben auch jene Gretchenfrage nach dem Glauben, erneut und verstärkt in das Zentrum der politischen Debatte rückt. War zum Anfang ihrer Karriere das Denkmuster dominant, nun komme eine weitgehend glaubens- und kirchenferne Ostdeutsche an die Schalthebel bundesdeutscher Macht, wo seit dem Krieg vor allem engagierte Christen – und in der CDU an führender Stelle Katholiken – den Ton angaben, meinen nun einige in den Handlungen der Kanzlerin vom September 2015 eine nicht nur humanitäre, sondern gar christliche Kehrtwende oder zumindest entsprechende Besinnung der Kanzlerin zu erkennen.

Der Philosoph Konrad Ott beschreibt diesen vermeintlichen Wandel von der alten zur neuen Kanzlerin im *Deutschlandfunk*-Interview mit Christiane Florin als ethische Kehrtwende. Im Sommer 2015 sei Merkel »gesinnungsethisch losgaloppiert«, so formuliert er. Seit Anfang 2016 versuche sie, wieder stärker verantwortungsethisch zu agieren. Unter Gesinnungsethik versteht Ott die radikale Betrachtung des Einzelschicksals, ohne die Folgen für die Gemeinschaft abzuwägen.

Doch stimmt das? Hat Merkel nicht lediglich die Flüchtlingspolitik in eine Reihe mit der Energiewende und der Abschaffung der Wehrpflicht gestellt? Hat nicht gerade Merkel sich dagegen gewehrt, ihre Flüchtlingspolitik als erstmalig »mutig« darzustellen? Sie sagt, es seien auch zuvor »mutige Entscheidungen« getroffen worden. Merkel hat sich davor gehütet, ihre Politik als etwas Höheres und gänzlich Neues darzustellen. Es sind andere, die es so erscheinen lassen wollen.

Angela Merkel ist nicht in der Flüchtlingskrise plötzlich christlich-barmherzig geworden oder hat ihr Christentum wiederentdeckt. Auch die geradezu abstruse Gegenthese ist völlig fernliegend, sie habe hunderttausende Muslime ins Land gelassen, um die christliche Prägung des Landes weiter auszuhöhlen und eine Entkirchlichung voranzutreiben. Merkel macht keine Politik mit solchen »Projekten«, sie hat keine größere oder höhere Agenda, die außerhalb der konkreten politischen Ziele läge. Das allenfalls kann man von ihr sagen: Sie ist oft situativ orientiert, konkrete und lageabhängige Umstände fallen bei ihr mehr ins Gewicht als abstrakte Überlegungen.

Nur hat in besonders ausgeprägter Weise die Flüchtlingskrise gezeigt, wie stark Zuschreibungen und kommunikatives Agieren das Bild bestimmen. Merkel bietet durch ihren Politik-Stil und die reduzierte Art ihrer Rede weitaus leichter und umfassender eine Projektionsfläche für Wünsche und Deutungen – und auch Gegnerschaft. Dass Merkel dies immer wieder auch zu nutzen versucht, liegt auf der Hand.

Es gibt eine Konstellation im Mai 2017, die zeigt diese neue und alte Merkel in besonderer Weise, die Bundeskanzlerin, die bejubelt und beschimpft wird – manchmal von denselben Leuten. Es ist ein besonderer Marker in ihrer Karriere: Sie sitzt neben Barack Obama vor dem Brandenburger Tor. Es könnte symbolischer kaum sein, dort auf der westlichen Seite der Mauer, wo einst US-Präsident Ronald Reagan sein »Mr. Gorbatschow, open this gate« gerufen hat, spricht nun vor 70000 Besuchern auf dem Evangelischen Kirchentag zum Reformationsjubiläum die deutsche Bundeskanzlerin mit dem ehemaligen amerikanischen Präsidenten. Jeweils Pioniere in ihren Ämtern als Frau und als Schwarzer, jeweils für ihre moralische Haltungen geehrt wie angefeindet.

Obama spielt auf seinen Nachfolger Donald Trump nur in Andeutungen an, wenn er gegen Grenzen und Mauern wettert und für Barmherzigkeit plädiert. Am selben Tag noch wird Merkel Trump in Brüssel beim NATO-Gipfel treffen und einen Tag später - auf dem G7-Gipfel – seine ablehnende Haltung zu einer Kooperation für den Klimaschutz zu spüren bekommen. Wiederum einen Tag später steht Angela Merkel im Bierzelt der »Truderinger Festwoche« in München und überrascht nationale wie internationale Beobachter mit ihrem Verdikt gegen Trump: »Die Zeiten, in denen wir uns auf andere völlig verlassen konnten, sind ein Stück weit vorbei. Das habe ich die Tage erlebt.«

Merkel die Weltpolitikerin, zwischen diesen beiden so verschiedenen Präsidenten. Eine Rolle in die sie gewachsen ist und die ihr die Leute abnehmen, auch an jenem sonnigen Tag des Kirchentags.

In diesem Gespräch vor dem Brandenburger Tor bekennen sich Merkel und Obama beide zu ihrem Glauben und ihrem Christentum. Es ist bemerkenswert, dass sie in einer Zeit, in der sich die Gesellschaft weiter säkularisiert, einen solchen prominenten Gegenakzent setzt. »Es gibt etwas über mir, in mir, das mich als ein Geschöpf Gottes verstehen lässt, mit Fähigkeiten«, sagt die Bundeskanzlerin. Und gerade vor dem Hintergrund der starken Kritik an ihren Entscheidungen wisse sie »inspiriert auch durch den christlichen Glauben«, dass sie Fehler mache, ja sogar fast das Recht habe Fehler zu machen. »Ich bin damit nicht vernichtet, sondern ich bin darin auch aufgehoben.« Dafür gibt es Applaus.

Merkel kommt auf die Flüchtlingspolitik zu sprechen. Hunderttausende, vielleicht sogar Millionen Menschen in Deutschland hätten »Mitgefühl, Aufnahmebereitschaft, Solidarität gezeigt«. Dafür müsse man dankbar sein und es zeige, »dass man etwas bewegen kann«. Das Gute ist machbar! Applaus auch dafür vorm Brandenburger Tor. Doch der Zuspruch, den sie dafür erntet, ist nicht weit entfernt von den Pfiffen, die wenig später aus dem Publikum zur Bühne schallen. Es sind Pfiffe gegen die Bundeskanzlerin, die ihre Haltung zur Ausweisung abgelehnter Asylbewerber verteidigt. Ganz einfach ist Merkel eben nie zu haben. Auf die Frage des EKD-Ratsvorsitzenden Heinrich Bedford-Strohm, warum gut integrierte Afghanen abgeschoben würden und es nicht mehr Ausnahmen gäbe, erklärt Merkel, keineswegs seien Ausnahmen eine Lösung, vielmehr müsse die Verlässlichkeit des Rechts gelten. Es könnten nun mal nicht alle bleiben, die kommen. Das bringt ihr den Unmut der Menge ein.

Im Kern ist sie genauso wenig Flüchtlingskanzlerin, wie sie auch keine Abschiebekanzlerin geworden ist. Daran ändern auch die berühmten Selfies mit Flüchtlingen nichts. Und so gilt auch 2017 weiterhin ihr Slogan aus der Bundestagswahl 2013: »Sie kennen mich.« Eine neue Merkel gibt es nicht, sie bleibt die alte.

Doch auf sie lohnt ein genauerer Blick, ein Blick, der auch abseits der tagespolitischen Analyse ihren Weg nachzeichnet.

Angela Merkel und das Kreuz – das ist ein Thema, das abseits der Tagespolitik wie kaum ein zweites die Debatte um die Person und Amtsführung der Bundeskanzlerin und Parteivorsitzenden durchzieht. Ihr Büro liegt in der siebten Etage des betonweißen Bundeskanzleramtes. Dort hängt kein Kreuz an der Wand, aber im Regal steht ein rostbraunes schweres Metallkreuz. Außer dem Adenauerporträt von Oskar Kokoschka über dem großen, schnörkellosen, dunklen Schreibtisch und der stehlampengroßen Deutschlandfahne daneben gibt es kein auffälliges Dekor. In einer Ecke stehen noch kindsgroße Schachfiguren, die ihr der Waldbauernverband geschenkt hat.

Das Kreuz scheint fast beiläufig Platz gefunden zu haben, nicht festgeschraubt, eben zwischen die Bücher gerückt. Es ist angelehnt an eine Prachtausgabe des Grundgesetzes. Nebenan steht Bertolt Brecht mit seiner Gesamtausgabe, der Große

Brockhaus und auch Hegels in Leinen gebundene Werke bilden die Nachbarschaft für die massive Kreuzplastik im Bücherschrank der Regierungschefin.

Mit Merkel verliere die CDU ihr christliches Profil, so lautet immer wieder der Vorwurf aus verschiedenen Ecken. Ihr christliches Fundament sei nicht stabil, zu wenig verankert. Merkels Kritiker verbinden dabei meist das Christliche mit dem Konservativen. Ihre Modernisierung der CDU habe viele Anhänger verschreckt.

Angesichts von Pegida und AfD spricht der Dresdener Politologe Werner J. Patzelt von einer »Repräsentationslücke« im konservativen Spektrum, das nun nach außerparlamentarischer Ergänzung suche. Extremisten und Populisten würden dies ausnutzen. Die Flüchtlingskrise hat dieser schon schwelenden Debatte nun eine neue Facette hinzugefügt und teilweise Auftrieb gegeben. Allerdings ist durch die stark christlich aufgeladene Position Merkels in der Migrationsfrage der Mangel an »C«-Orientierung im Vokabular ihrer Kritiker zumeist verschwunden.

Merkels Losung ist legendär. In der Talkshow von Anne Will sagt sie: »Ich bin mal liberal, mal christlich-sozial, mal konservativ.« Ist das zu wenig, wenn Führung gefragt ist? Oder wird sie missverstanden? Seit 2005 ist sie Kanzlerin. Dass sie die heftigen Angriffe in den Jahren 2015 und 2016 und die lauter werdenden Merkel-Muss-Weg-Rufe überstehen würde, scheint zeitweise ungewiss. Doch sie hat ihre Partei längst wieder hinter sich versammelt.

Als beim Parteitag in Essen im Dezember 2016 Merkel erneut zur Kanzlerkandidatin ausgerufen wird, gibt es kaum noch spürbaren Gegenwind. Die CDU ist eine Kanzlermaschine, die ein feines Gespür für Wahlerfolge hat. Das ist ihr das wichtigste. Und für die steht, so die Mehrheitsmeinung in der CDU, allein Merkel.

Dennoch wird immer wieder beklagt, die spezifisch katholische Prägung oder die katholisch-konservative Grundierung der Partei und auch der Regierungsarbeit sei nicht mehr genügend spür- und wahrnehmbar. Schuld daran sei vor allem Angela Merkel, die ostdeutsche Physikerin oder säkularisierte Pfarrerstochter. Sie sei hauptverantwortlich für die Modernisierung, Liberalisierung, Sozialdemokratisierung, kurz: die Abschaffung der CDU als einer im Kern christlichen Volkspartei.

Der Freiburger Theologe Eberhard Schockenhoff fasst die Kritik 2010 in einem Beitrag für die Zeitschrift *Cicero* zusammen: »Das Programm einer strategischen Modernisierung der Union, dem sich die gegenwärtige Parteiführung verschrieben hat, setzt auf eine Zurückdrängung des christlichen Einflusses, die das »C« als Markenzeichen einer wertorientierten, dem christlichen Menschenbild verpflichteten Politik verblassen lässt.«

Meist liegen die Vorwürfe auf anderen Ebenen als die Entkräftungsversuche, was die politische Debatte am Laufen hält. Mal geht es um inhaltliche Punkte, um die Familienpolitik, um den Lebensschutz, dann verweist die CDU-Parteizentrale auf Debattenkultur und innerparteiliche Pluralität. Mal geht es ums Gefühlte, die fehlende Nestwärme wird in den katholischen Stammlanden der Union beklagt.

Die als »Mutti« im Berliner Politsprech bespöttelte Merkel lasse gerade das Mütterliche innerparteilich vermissen. Sie könne keine engen Beziehungen aufbauen, so der immer wieder zu vernehmende Vorwurf aus den Reihen altgedienter Parteigrößen. Kohl sei da eben anders gewesen, der kannte jeden

Kreisvorsitzenden persönlich, zumindest aber hatte er stets die jeweilige Telefonnummer zur Hand, falls nötig auch am Wochenende.

Merkel kuschelt die Seele der Partei nicht, so wird das Unbehagen umrissen. Verweise auf ihren persönlichen Glauben, auf ihre christliche Sozialisation und auch auf ihre im Kern persönlich sehr konservative Weltsicht helfen da nicht weiter. Man redet beherzt aneinander vorbei, wie das so ist in Beziehungskrisen, die in diesem Fall zwischen der Vorsitzenden und Teilen der Parteihierarchie und der Basis so schnell offenbar nicht zu lösen sind. Ein in Parteikreisen gängiger Vorwurf war lange: »In Merkels Kanzleramt gibt es nur To-Do-Listen, aber keine Ziele und keine Ideen.«

Doch wer sind die Kritiker und wer ist diese Basis? Und wer ist diese Angela Merkel eigentlich? Wie groß ist noch das vielbeschworene katholische Klientel in der Union? »Das Kreuz mit den Katholiken«, so wurde das Problem der Parteivorsitzenden immer Mal wieder beschrieben. Nun scheint dies alles vergessen angesichts der Flüchtlingskrise. Welche Klischees, die Angela Merkel angeheftet werden, sind noch plausibel? Inzwischen ist Merkel eine Art Kultfigur geworden. International wie national. Und auch in ihrer Partei.

Im Wahlkampf 2013 plakatiert die CDU die überdimensionale Merkel-Raute, die Hände der Kanzlerin, in ihrer typischen Fotohaltung. Das Bild ist aus tausenden Porträts zusammengesetzt. Mehr zur Schau gestellte Identifikation geht nicht. Man könnte fast auch an eine Gebetshaltung denken; so wird Merkel zur politischen Ikone gemacht. Die Kanzlerin muss mit immer wieder neuen Charakterisierungen leben, doch ihrer Persönlichkeit kommt man nur schwer nahe. Eine christliche Kanzlerin? Ist das zu dick aufgetragen? Die Protestantin, die auf Gott vertraut, seine Hilfe erbittet in der Krise? Ist das nur das positive Wunschbild, ein Zerrbild aus der PR-Trick-kiste?

Glaubwürdigkeit und Authentizität scheinen in der Medi-endemokratie die wertvollsten Eigenschaften von Politikern zu sein, noch vor Sachkompetenz und Führungsfähigkeit. Doch diese Glaubwürdigkeit scheint oft zerbrechlich gerade in ganz persönlichen Dingen. Zeigt ein Politiker sich besonders fromm, wird ihm dies als Show angelastet. Ist er eher zurückhaltend mit dem Offenbaren persönlicher Details wie dem Glauben, so gilt er als verschlossen und dann möglicherweise religionsfern. Angela Merkel hat sich auch - gerade in den zurückliegenden Jahren - immer wieder als gläubiger Mensch vorgestellt, aber sie dosiert dies, versucht sich zurückzunehmen.

Bei einem Auftritt im Oktober 2014 »predigt« sie erstmals in ihrer Heimatgemeinde in der Maria-Magdalenen-Kirche in Templin, dort, wo sie in einem Pfarrhaushalt aufgewachsen ist, dort, wo sie zur »Christenlehre« gegangen ist, dort, wo sie kon-firmiert wurde. »Gott wollte keine Marionetten, keine Robo-ter, keine Menschen, die einfach tun, was sie gesagt bekom-men«, sagt sie. Es ist eine Predigt über die Freiheit, die christliche Freiheit. So hätte sie das vor 25 Jahren, als sie in die Politik einstieg, öffentlich noch nicht formuliert. Doch schon 2013 bekennt sie bei einem Besuch im Zentrum Schönblick, in der Herzkammer des schwäbischen Pietismus: »Vor Gott bin ich Mensch, nicht Bundeskanzlerin«. Das kommt bei einer bestimmten Wählerklientel natürlich gut an, aber es zeigt auch eine veränderte, offensivere Herangehensweise Merkels in die-sen Dingen.

Der politische Weg der Protestantin Merkel ist auch ein Weg aus dem Privaten ins Öffentliche – auch was Glaubensfragen angeht. Wie sehr sie die gesellschaftlichen Veränderungen von religiöser Sozialisation umtreiben, erklärt sie in einem Interview mit den Journalisten Peter Seewald und Markus Günther. Merkels Konsequenz lautet: Glauben und Kirche werden erklärungsbedürftiger. »Für Christen kann das durchaus eine Chance sein, sie sind vielleicht mehr als früher wieder aufgerufen, anderen von ihrem Glauben zu erzählen.«

Als sie 2009 mit US-Präsident Barack Obama die Frauenkirche in Dresden besucht, verharren beide gemeinsam im Gebet. Landesbischof Jochen Bohl bittet den einen Gott um Frieden. Es ist eine besondere Situation: die deutsche Regierungschefin und der amerikanische Präsident am Altar der Frauenkirche. Doch Fotos gibt es davon nicht. Vielleicht fehlt das einigen an Merkel, die symbolischen Handlungen, die auch Bilder in den Köpfen der Menschen zurücklassen. Derartiges ist in ihrer Kanzlerschaft bislang selten oder gar nicht vorhanden.

Ein anderes kleines Zeichen von Frömmigkeit und öffentlicher Gottesrede findet sich in den Worten der Kanzlerin am Abend des 11. März 2009. Nach dem Attentat von Winnenden sagt sie in der Tagesschau die üblichen Worte von Mitgefühl und Mitleid. Aber dann fügt sie den Satz an: »Wir beten für die Opfer.« Es ist in unserer säkularisierten Politikersprache ungewöhnlich geworden, von einem kollektiven »Wir beten« zu sprechen, da der Gottesglaube und die Gottesansprache eben nicht mehr selbstverständliches Allgemeingut sind.

Merkel hingegen spricht inzwischen häufiger öffentlich vom Glauben, nicht von einem persönlichen, aber davon, dass die Gesellschaft ihn brauche. Sie hat gemerkt, dass es eben auch eine Entchristlichung und Entkirchlichung bedeutet, wenn keiner mehr öffentlich von Gott spricht und sich zu ihm bekennt.

Wer also ist Angela Merkel? Seit über 25 Jahren kennt die deutsche Öffentlichkeit die heutige Bundeskanzlerin, doch bei kaum einem anderen Politiker hat sich das öffentliche Bild in dieser Zeit so oft verändert und ist nach wie vor so unscharf in seinen Konturen. Von »Kohls Mädchen« zur deutschen »Eisernen Lady«, graues Mäuschen, männermordende Machtmaschine oder »Taste-Kanzlerin«, Frau Legt-sich-nicht-fest oder »Physikerin der Macht« bis hin zur Weltenlenkerin? Der legendäre *Spiegel*-Journalist Jürgen Leinemann erwähnt Angela Merkel in einer *Spiegel*-Reportage vom Mai 1990 zum ersten Mal, als sie der Öffentlichkeit noch unbekannt ist. Die Pressesprecherin des Demokratischen Aufbruchs trete mit »fast rührender Aufrichtigkeit« auf, heißt es da.

Auf dem Ökumenischen Kirchentag 2010 in München ist Angela Merkel auffallend begeistert von den Besuchern empfangen worden, doch das ändert an der politischen Wahrnehmung und Beurteilung ihrer Person wenig. Sie bleibt doch immer die Distanzierte und Unnahbare. Das führt dazu, dass immer neue Zuschreibungen ihren Stil zu typisieren versuchen. Sie sei zu zaudernd, ohne Linie und Prinzipien, würde wie Kohl alles aussitzen und erst so spät wie möglich entscheiden. Sie segelt erst los, wenn alle Untiefen ausgemessen sind und alle anderen sich schon auf einen Kurs festgelegt haben und damit berechenbar werden. In ihrem Umfeld heißt es hingegen, ihre visionäre Kraft werde verkannt. Die Kanzlerin habe sehr wohl eigene Ideen und Ziele. Sie lasse die Öffentlichkeit allerdings erst dann daran teilhaben, wenn sie, Merkel, wisse, dass die Wahrscheinlichkeit, die eigenen Vorstellungen auch durchzusetzen, sehr hoch ist. Ihre Kritiker sagen dazu: »Sie riskiert nichts.«

Die *Frankfurter Allgemeine Zeitung* schreibt einmal, die »Methode Merkel« sei es, einsam zu entscheiden und zwar nicht nur als Bundeskanzlerin, sondern auch als Parteivorsitzende. Das funktioniere aber nicht, denn die Partei unterliege »kooperativen Spielregeln«. Sie scheint es keinem Recht machen zu können. Mal ist sie die politische Titanin, die als mächtigste Frau der Welt Deutschland sicher durch die Krisen führt, mal die Versagerin, die auf dem europäischen Parkett zu zögerlich agiere. Vielleicht ist sie vor allem eins, dem politischen wie intellektuellen Establishment auch über ein Vierteljahrhundert nach der deutschen Einheit fremd geblieben. Sie saß nicht mit an den (Bier-) Tischen der Jungen Union in den 60er-, 70er- und 80er-Jahren, und sie meidet noch immer den kumpelhaften Umgang, der sich aus Bonner Zeiten in Teilen noch herübergerettet hat in die Berliner Republik.

Das Kreuz in ihrem Büro stammt vom Künstler Markus Daum. Kein katholisches Kruzifix und auch keine schlichte protestantische Variante ohne Korpus. Das Kreuz, das sie tagtäglich vor Augen hat, ist die kleine Modellversion eines großen Kunstwerks, das im Fraktionssitzungssaal gegenüber im Reichstag hängt.

Die Eisenguss-Plastik des Bildhauers aus Radolfzell, Schüler von Alfred Hrdlicka, ist eine ungewöhnliche Interpretation des klassischen lateinischen Kreuzes. Wie beim griechischen Kreuz setzt der Querbalken in der Mitte und nicht oberhalb der Mitte an. Der Längsbalken ist eine Art nach unten sich verjüngender Pfahl, der Querbalken erinnert an einen überdimensionalen Nagel, der sich durch die Mitte der senkrechten Achse bohrt. So nimmt der Künstler ein sehr bildliches Motiv aus den Leidensdarstellungen Christi auf. Das Kreuz hat Ausmaße von ein mal zwei Metern und zieht die Blicke in dem sonst leeren Saal auf sich. Es ist alles andere als nur dekorativ. Zur Einweihung 1999 sagte der damalige Unions-Fraktionsvorsitzende Wolfgang Schäuble, es erinnere daran, »dass wir aus eigener Vollkommenheit letztlich überhaupt nichts tun können«.

Der jetzige Fraktionsvorsitzende Volker Kauder hat Merkel das Modell geschenkt. Es hat seinen Platz im Regal bekommen. Es ist viel kleiner als das Original, nur 30 mal 15 Zentimeter. Übrigens liegt in dem Regal auch noch eine grünspanige Kupferschindel. Sie stammt vom Dach des Großen Michel, der evangelischen Hauptkirche Hamburgs. Die Hansestadt an der Elbe ist Angela Merkels Geburtsstadt. Der Belag des alten Daches ist ein Geschenk zur Erinnerung an ihren Lebensweg, der früh von West nach Ost führte.

Ihr Vater, der Theologe Horst Kasner, fand nach seinem Studium in Hamburg eine Pfarranstellung in seiner Brandenburgischen Heimat. Dass ausgerechnet die Pfarrerstochter unter den Verdacht gerät, in der CDU das »C« zu vergessen, charakterisiert schon die besonders schwierige Annäherung der deutschen Öffentlichkeit an ihre Kanzlerin – und umgekehrt.

»Ein Mensch wird nicht dadurch gläubig, dass er im Pfarrhaus aufwächst« wissen die Autoren des Buches »Das erste Leben der Angela M.«. Günther Lachmann und Ralf Georg Reuth versuchen, Beweise dafür zu finden, dass Merkel keineswegs Regimegegnerin, sondern Sympathisantin des DDR-Regimes war, zumindest mehr als nur Mitläuferin. Ihrem Vater werfen sie zu viel Nähe zum Sozialismus vor – um damit gleich die Kirchlichkeit und den Protestantismus von ihm und seiner Tochter insgesamt zu desavouieren.

Merkel selbst habe den Sozialismus reformieren wollen und die deutsche Einheit nicht angestrebt, lautet der Vorwurf, der sich vor allem aus Quellen der Wendezeit speist, als vieles im

Fluss und ungewiss war und als viele selbst im freien und demokratischen Westen die Deutsche Einheit ablehnten. Ihr Mitgliedschaft in der FDJ und ihre Tätigkeit als Funktionärin in der SED-nahen Organisation würden zu wenig berücksichtigt, so die Autoren. In der Tat ist die Tatsache, dass die Kanzlerin Diktaturerfahrung hat, im Gegensatz zu inzwischen fast allen deutschen Spitzenpolitikern, zu wenig im Bewusstsein der Öffentlichkeit. Sie muss bei einer Annäherung an ihre Person größere Berücksichtigung finden. Ob allerdings die Problemlagen zwischen Anpassung und Widerstand von den Autoren Lachmann und Reuth genügend gewürdigt wurden, ist fraglich.

Angela Merkel kommt in der Wendezeit aus einer völlig anderen Sozialisation in diesen Umbruchsprozess der westdeutschen Gesellschaft. Sie hat religiöses Bekenntnis als absolute Außenseiterposition und auch als Diskriminierungsfaktor erlebt. Vor allem hat sie eine Politisierung des Glaubens und der Kirchlichkeit erlebt, die sie eher nicht positiv bewertet. Und dies persönlich vielleicht sogar in zweifacher Hinsicht. Der Staat hat ihr den Gottglauben austreiben wollen und dies zum politischen Credo erhoben, umgekehrt hat ihr Elternhaus den Glauben auch ins Öffentliche gezogen, das war im Pfarrhaushalt kaum anders möglich.

Dem charismatischen Vater, den gerade die Frage nach der »Kirche im Sozialismus«, also der Umsetzung des Glaubens im gegebenen (repressiven) politischen Kontext, bewegt hat, entkam sie nicht. Freiheit, so scheint es, die so ersehnte Freiheit, bestand für sie nach 1989 auch gerade darin, allen Glaubensdingen endlich unpolitische Privatheit angedeihen zu lassen. Es ist ihr Akt der persönlichen Freiheit, das Bekenntnis zu verbergen. Und damit das zu tun, was die meisten Menschen tun, aber was ihr seit ihrer Einschulung und ihrem Besuch der Christenlehre in Kindheit und Jugend im uckermärkischen Templin, wo sie aufwuchs, nicht mehr möglich war.

So ist ihr Satz in einem Interview zu verstehen, Glaube sei zunächst einmal eine private Angelegenheit. Dieser Rückzug des Glaubens ins Private, der in den westdeutschen Debatten Alarmsirenen im engagierten Christentum beiderseits der konfessionellen Demarkationslinie auslöst, ist bei ihr ein antidiktatorischer Affekt, ein großer Freiheitsimpuls. Es ist diese auch antiideologische Grundierung, die sich bis heute beobachten lässt, selbst in beiläufigen Situationen.

Beim Ökumenischen Kirchentag 2010 in München nimmt Angela Merkel auf dem »Roten Sofa« Platz, einem Interviewforum der evangelischen und katholischen Kirchenpresse. Dort sollen abseits der Vorträge und Podien kurze, lockere Gespräche stattfinden. Nina Hagen kam vorbei. Auch Margot Käßmann und Erzbischof Robert Zollitsch saßen dort. Es regnet in München mal wieder, als die Bundeskanzlerin Platz nimmt. Dennoch drängen sich die Besucher vor das kleine Bühnenzelt mit dem knalligen Sitzmöbel.

Angela Merkel hat gerade zuvor in der überfüllten Halle C3 vor 6000 Zuhörern die neue Sparpolitik der Bundesregierung angekündigt. Es werde harte Einschnitte geben, erklärt sie. Die Agenturen melden dies eifrig nach Berlin in der Freude, vom Christentreffen auch politische News liefern zu können. Das irgendwie elektrisierte Publikum lässt sich hingegen nicht verdrießen. Sogar »Angie, Angie«-Rufe gibt es auf dem Kirchentag.

Der Zusammenhalt der Gesellschaft könne nicht von der Politik allein garantiert werden, vielmehr müsse die Grundlage immer neu erarbeitet werden. Sie sagt: »Politik kann Werte nicht verordnen.« Werte würden in der Familie und in der Erziehung vermittelt. Die Bibel sei dafür eine gute Quelle, das ist Merkels Botschaft, die offenbar verstanden wird. Das gemeinsame Beten und Singen, aber auch das Diskutieren, so wie es auf dem Kirchentag geschehe, sei Ausgangspunkt, die Wertegrundlagen immer wieder neu zu gewinnen und sich auch seiner selbst zu vergewissern. Sie spricht von der Bibel und vom Beten. Doch sie sagt es politisch. Christen müssen zu ihrem Glauben stehen, müssen von ihm reden, nur dann entsteht ein Fundament.

Wie sie denn zur Ruhe komme, entspanne, Kraft tanke, sich besinne, wird sie dann gefragt, vor den neugierigen Kirchentags-Bummlern, die eifrig Videoclips von der Regierungschefin drehen. Sie liebe die Natur, sagt sie. Spaziergänge in der Uckermark seien ihr wichtig. Und inzwischen sei ja auch öffentlich bekannt geworden, dass sie gerne koche. Das sei Ablenkung und Beruhigung. Punkt. Mehr sagt sie nicht. Da ist es wieder, die Scheu, das Persönliche preiszugeben, sie zögert vor allem, über Glaubensdinge zu sprechen. Selbst auf dem Kirchentag. Es ist die in der DDR auf besondere Weise geschulte protestantische Zurückhaltung in privaten Dingen, die doch auffällt auf dem Münchener Messegelände und immer wieder auch an anderen Orten.

Die Frage nach der christlichen Kanzlerin ist auch die Frage nach der Deutungsmacht, wer den Begriff »christlich« besetzt, wer ihn mit Leben füllt und wer das Recht hat, über ihn zu bestimmen. Angela Merkel hat sich in ihrer politischen Laufbahn nicht darum gerissen, das sogenannte hohe »C« anzustimmen. Inwieweit sie das christliche Terrain preisgegeben hat, darüber gehen die Meinungen in der Union auseinander.

Die Antworten auf die Fragen nach ihrer Christlichkeit im politischen Sinne finden sich in ihren biografischen Wurzeln und in einigen Bausteinen ihrer politischen Arbeit. Am Ende zeigt sich, dass sie möglicherweise mehr preußische Protestantin als DDR-Frau ist, mehr Pfarrerstochter als Physikerin. Und dann ist Angela Merkel vielleicht auch mehr eine christliche Kanzlerin in postsäkularer Zeit, als es einige vermuten oder ihr nachsagen oder wahrhaben wollen. Sie hat die Menschen immer wieder überrascht und überrascht sie bis heute. Ein enger Mitarbeiter sagt heute, sie sei vor allem eins: »mit Freude unkonventionell«. Die Fähigkeit, Widersprüche auszuhalten, sei ihr im besonderen Maße zu eigen.

In der Schule erregt sie Aufsehen mit einer satirischen Aufführung, die der Leitung missfällt, obwohl sie Mitschülern als angepasst und strebsam gilt. In den 1980er-Jahren gehört sie einem Gesprächskreis in der Berliner Gethsemanekirche an, doch sie ist eher unpolitisch und sicher keine Oppositionelle im Honecker-System. Nach der Wende stößt sie einige Weggefährten vor den Kopf, weil sie sich der CDU anschließt. Im Prenzlauer Berg wollte in der Zeit außer ihr keiner mit Kohl etwas zu tun haben, meint ein ehemaliger Bekannter.

In der bundesdeutschen Politik wird sie dann unerwartet Frauenministerin, Jugendministerin, später Umweltministerin. »Was findet Kohl bloß an ihr?«, fragte die *Bild*-Zeitung damals. Nur die doppelte Quote allein (Frau und aus dem Osten) könne doch nicht der Grund für die Förderung sein. Ausgerechnet diese »Kohl'sche Erfindung« mutiert später zu seiner Alleinerbin, die mutiger als alle anderen dem Patriarchen die Leviten liest.

Es ist eine übliche Verengung in Deutschland, Christlichkeit und Kirchlichkeit an bestimmten inhaltlichen Positionen festzumachen. So lässt sich die kirchenpolitische Grundhaltung von Angela Merkel umschreiben, auch wenn sie diese offensiv so nicht ausspricht. Sie sagte einmal gegenüber evangelischen Christen, was helfe das ganze gesellschaftspolitische Engagement, wenn der Glaube und die Glaubenspraxis dabei verloren gingen. »Ich gehöre nicht zu denen, die sicher zu glauben wissen, was ‚christliche Politik‘ ist.«[1]

Die Bibel bietet kein politisches Programm, so lautet die Standardformulierung, die die Union dazu parat hat. Der Vorwurf der Kirchen, der dem entgegensteht, ist der der Beliebigkeit. »Christlich« werde dann zu einer Schönwetterfloskel. Doch diese Beliebigkeit gilt es im gewissen Sinne nach Merkels Meinung wohl auszuhalten. »Die Berufung auf Gott ist kein Freibrief«, sagt Angela Merkel in einem Gespräch mit Blick unter anderem auf Ex-US-Präsident George W. Bush. »Sie kann ein Kraftquell sein, aber sie entscheidet nicht darüber, ob die eine oder andere Auffassung die richtige ist.«[2] Wer nicht an Gott glaubt, kann zu guter Politik fähig sein. Und wer an Gott glaubt, kann trotzdem falsch liegen, sogar unmenschlich handeln.

»Sie brennt nicht für das, wofür wir in die Politik gegangen sind«, sagt einer ihrer unionsinternen Kritiker. Gemeint ist auch die politische Sozialisation vieler Unionspolitiker in katholischen Jugendverbänden, im sogenannten vorpolitischen Raum. Die »Generation Messdiener« zog in den 1970er- und 1980er-Jahren für die CDU in die Parlamente und übernahm später teilweise Regierungsverantwortung, siehe Rüttgers, Koch und Wulff. Für sie ist die CDU eine Familie, Angela Merkel jemand, der nicht dazugehört, der auch nichts von einem Familiengefühl in einer Partei hält.

»Stallgeruch« vermissen einige bei »Angela« eben. »Stallgeruch« ist die Metapher für die emotionale Vertrautheit, die der

Quereinsteigerin und Aufsteigerin fehle. Kardinal Joachim Meisner machte es an Position und Profil fest, viele in der Partei eher am Gefühlten. Eine mangelnde christliche Grundtönung hat sie ja eben deswegen nicht. Das wird oft übersehen. Und zugleich verschwindet die »Generation Messdiener« langsam aus der Partei, was folgt, ist die »Generation Merkel«, die dann noch weniger kirchlich gebunden ist als Merkel selbst.

Als Pfarrerstochter und mehr noch als Tochter von Pastor Horst Kasner ist sie einem evangelischen »Mistbeet« entwachsen wie kaum ein zweiter Spitzenpolitiker. Templin war in den 1960er-Jahren – trotz DDR-Repression – noch evangelisch geprägt. Ein Großteil ihrer Klassenkameraden in der Goetheschule ging, zumindest in den ersten Jahren, in die Christenlehre. Das war noch keine Minderheitenveranstaltung, wie manche Biografen suggerieren. Kein Kanzler vor ihr war wahrscheinlich theologisch derart vorgebildet wie Angela Merkel. Im Predigerseminar ihres Vaters waren protestantische Geistesgrößen aus Ost und West zu Gast. Da ging es um den »dritten Weg«, einen Sozialismus mit menschlichem Antlitz, aber auch um die katholische Befreiungstheologie Lateinamerikas und kirchenpolitische Fragen in Deutschland oder den Umgang mit der deutschen Geschichte.

Die entsprechenden Gespräche am heimischen Küchentisch sind die intellektuelle Muttermilch der heutigen Kanzlerin. Gewiss, die elterliche Prägung ist nicht alles. Aber mit ihren Wurzeln im Templiner Waldhof, mit einem Vater, den nahezu jeder brandenburgische Pfarrer aus seiner Ausbildung oder von Seminaren her kannte, mit einem Bischof Albrecht Schönherr, den der Vater anrief, um den Rauswurf der Tochter aus der Schule zu verhindern, kann man nicht von mangelndem Stallgeruch sprechen. Es war nur eben ein evangelischer

Stall, in der DDR noch dazu, preußisch, kulturprotestantisch – so gar nicht katholisch.

Als Lothar de Maizière sie 1990 auf Vorschlag von Hans-Christian Maaß, einem Berater aus dem Westen, zur stellvertretenden Regierungssprecherin macht, kennt er sie zwar nicht persönlich. Doch ist ihm ihre Herkunft und Familie vertrauter, als es auf den ersten Blick scheint. Von 1986 bis 1990 war de Maizière Vizepräses der Synode des Bundes der Evangelischen Kirchen in der DDR. Ihr Vater, der immer wieder als »graue Eminenz« seiner Kirche beschrieben wird, ist ihm ein Begriff. Angela Merkel ist kein unbeschriebenes Blatt für ihn, nicht aus dem Nichts erschienen. »Ich wusste ja, aus welcher Kiste sie kam.«

Den entscheidenden Einstieg ins politische Berufsleben erhält Angela Merkel nach der Wende also (auch) als Pastorentochter. Es ist ein evangelisches Netzwerk, das ihr hilft. Ihrer »Glaubwürdigkeit und Zuverlässigkeit« kann sich de Maizière sicher sein - aufgrund eben dieses christlichen Elternhauses, stellt Biografin Jacqueline Boysen fest.

Auf die Frage, was Gott der Politikerin Merkel bedeute, antwortet sie 2004 gegenüber dem Journalisten Hugo Müller-Vogg: »Die Perspektive, dass es Gott gibt, vermittelt mir ein hohes Maß an Demut. Eine Demut, mit der ich sehr gut leben kann: sich nicht nur im Zentrum sehen, andere gelten lassen, sich bewusst sein, dass man Fehler hat und Fehler macht.« Und dann fügt sie den Satz an: »Aber zwischen Glaube und Politik besteht natürlich ein Spannungsverhältnis.« Als Beispiel gibt sie im Jahr 2003 den Irakkrieg an, bei dem sie vorsichtig die Linie des amerikanischen Präsidenten verteidigt hat. »Dann weiß ich, dass Glaube nicht nur eine Privatangelegenheit ist.«[3]

Es schwingt mit, dass es ihr durchaus schwerfällt, das einzusehen. »Ich muss als Parteivorsitzende in einer solchen Lage schon formulieren, warum ich meine Haltung auch unter Aspekten des Glaubens für verantwortbar halte.«[4] In diesem Sinne würde sie das Etikett »christliche Kanzlerin« sicher zurückweisen, denn so ein Anspruch verbietet sich gerade aus ihrem Glaubensverständnis heraus. Er wäre anmaßend. Inwieweit ist das Religiöse privat, gehört der Glaube auch in die Öffentlichkeit oder nicht? Das ist der Kern, der sich hinter der Frage nach der christlichen Kanzlerin verbirgt. Inwieweit bestimmt das Bekenntnis das politische Handeln, und wieweit ist diese Verbindung sichtbar? Für Angela Merkel sollte, so könnte man sagen, diese Brücke möglichst wenig sichtbar sein. Andernfalls würde der Glaube verzweckt, funktionalisiert. Dass die Kirchen Merkels Auftreten in der Flüchtlingskrise massiv unterstützen, ist für die Kanzlerin daher auch ambivalent.

Dieses Verständnis ist ein Bruch mit der politischen Kultur der Bundesrepublik. Über den Glauben hinaus gab es die enge Freundschaft von Kirche und Partei seit den 50er-Jahren. Das hat sich radikal gewandelt. Die Journalistin Mariam Lau spricht im Verhältnis von katholischer Kirche und Union vom Ende einer »privilegierten Partnerschaft«[5].

In den 80er-Jahren schon mussten Kompromisse geschlossen werden. Die kirchlichen Positionen wollten einbezogen werden – als kirchliche Positionen. Doch das wurde schon in der Kohl-Zeit schwieriger. Der »Bundeskanzler der 16 Jahre« ist katholisch erzogen und kirchlich gebunden. Er war nicht aufgesetzt, sondern selbstverständlich religiös, die Kirchen waren ihm wichtig. Kohl pflegte noch die alte Partnerschaft. Er setzte sich für Karl Lehmann, seinen Duzfreund, ein, damit der Mainzer Bischof die Kardinalswürde erhielt. Er setzte sich aber auch ein, weil er meint, Deutschland stünde ein fünfter Kardinalshut zu. Das liegt Angela Merkel fern. Ihr ist an guten Beziehungen gelegen. Mit Kardinal Lehmann, dem langjährigen Vorsitzenden der Deutschen Bischofskonferenz, verstand sie sich so gut, dass beide auch bis in die Nacht hinein im Kanzleramt oder der Parteizentrale beim Wein zusammensaßen. Doch allzu häufig kam es dazu nicht. Sie habe ihn als Ratgeber geschätzt, heißt es. Es gibt einen guten und sachlichen offiziellen Austausch sowie regelmäßige Begegnungen zwischen dem Episkopat und der Regierung.

Kumpanei aber ist Angela Merkel zuwider, das gilt sogar für wirkliche Freunde, erst recht für solche, die ihr taktisch nützlich sein könnten. Ob das ein ehrenvoller Charakterzug oder ein anstrengender ist, darüber wird gestritten. Ein prominenter CDU-Landespolitiker sagt einmal über sie: »Mein größtes Problem ist, dass sie mit mir nicht mal ein Bier trinken geht.« Diese eingeübten Formen, in denen im alten Westen – vor allem auch unter Männern – Politik gemacht wurde, durchbricht sie an einigen Stellen. Dass sie nicht gesellig sei, behaupten inzwischen allerdings nur noch wenige. Manche wissen sogar inzwischen von ihrem kabarettistischen Talent zu berichten. Vor allem das Imitieren prominenter Regierungschefs anderer Länder liege ihr.

Die Formel, die die CDU gefunden hat, um das »C« politisch handhabbar zu machen, ohne sich zu sehr von Bibel und Dogmen bestimmen lassen zu müssen und ohne es auf ihrem Weg der Pluralisierung und Modernisierung völlig aufzugeben, ist die des »christlichen Menschenbildes«. Ein Begriff, der so hilfreich ist wie trügerisch. Denn selbstverständlich beteuert die Union, dass man zu den Grundsätzen des christlichen Menschenbildes auch stehen kann, ohne gläubig zu sein. Man kann sie sogar auch herleiten aus anderen Glaubensrichtungen oder Weltanschauungen.

Im Szene-Bezirk Prenzlauer Berg – dort kommt die CDU bei Bundestagswahlen nur auf rund zehn Prozent – fühlen sich mittlerweile Muslime zum CDU-Ortsverein hingezogen. Die Union sei die einzige Partei, die die Familie und Religion hochhalte und gleichzeitig für wirtschaftliche Freiheit stehe, sagen die Mitglieder dort. Viele der Jungen studieren Jura oder Wirtschaftswissenschaften, die Älteren betreiben kleine Gaststätten. Und bei den Mitgliederversammlungen wird mehrheitlich Mango-Lassi getrunken statt Bier. Das ist ein kleiner Teil der neuen CDU der Angela Merkel.

Es zeigt sich eine stark gewandelte Union, die im Herzen nicht mehr so traditionell-katholisch ist. »Die Union war einst trotz ihres ökumenischen Charakters vor allem die Partei der katholischen Christen und hat sich auch selbst so verstanden«, erklärt Hermann Kues, ehemaliger Staatssekretär im Bundesfamilienministerium und langjähriger Kirchenbeauftragter der Unionsfraktion im Bundestag. Unter Helmut Kohl wurden noch alle Abteilungsleiter im Kanzleramt katholisch besetzt. Das war vor allem auch deshalb möglich, weil aus dem vorpolitisch katholisch-kirchlichen Raum entsprechender politisierter Nachschub kam. Die Messdiener-Junge-Union-Partei-Sozialisation funktionierte noch.

Diese Selbstverständlichkeiten sind dahin, die Säkularisierung der Union begann schon unter Kohl. Auf der anderen Seite verändert sich auch die katholische Kirche massiv. Man könnte fast sagen, sie ist selbst nicht mehr so »katholisch« wie früher. Innerkirchlich ist die Pluralisierung de facto schon mindestens so weit fortgeschritten wie in der Union. Die im Katechismus festgeschriebene Position zur Homosexualität zu vertreten, sei politisch äußerst schwierig, räumte kürzlich ein hoher kirchlicher Würdenträger gegenüber Parlamentariern in Berlin ein.

Weder die katholischen Abgeordneten noch das Kirchenvolk sind als Milieu weiterhin so stark und einheitlich, dass sich daraus ein Programm ableiten ließe. Das bedeutet, dass die politische Umsetzung einer irgendwie festlegbaren katholischen Lehre weder möglich noch gewollt ist. Um ihre Relevanz im politischen Geschäft zu behaupten, besetzt die Kirche als Institution ausgewählte Themen wie etwa die Stammzellforschung. Doch damit vertritt sie schon lange nicht mehr die Mehrheit ihrer Mitglieder.

Immer weniger politisches Personal rekrutiert sich aus dem kirchlichen Umfeld, eine Krise des kirchlichen Engagements steht dahinter, auch eine Formschwäche des einst mächtigen politischen Katholizismus insgesamt. Die protestantische Kanzlerin und große Teile der Unionsmitgliedschaft haben mit einer katholischen Lehre ohnehin direkt nichts zu schaffen. In der Gesellschaft stellen die Evangelischen seit der Wiedervereinigung knapp die Hälfte aller Christen, auch in der Union treten sie stärker hervor.

Im Präsidium der Partei schwindet der katholische Vorsprung. Wichtige Führungspositionen sind mit engagierten evangelischen Christen besetzt: Volker Kauder, der Fraktionschef, ist ein sozial-aktiver Protestant, der Bundesinnenminister Thomas de Maizière ist Präsidiumsmitglied des Deutschen Evangelischen Kirchentages, Bundesfinanzminister Wolfgang Schäuble sitzt im Vorstand des Diakonischen Werks in Baden. Der Gesundheitsminister und frühere Generalsekretär der Partei, Hermann Gröhe, war Ratsmitglied der Evangelischen Kirche in Deutschland (EKD) und Herausgeber des evangelischen Monatsmagazins *Chrismon*.

In *Die Welt* schreibt Robin Alexander: »Die Protestantisierung der CDU gibt es tatsächlich.« Das zeigt sich nicht nur an den agierenden Personen in der Union, die wie Gröhe bekennende und gläubige Protestanten sind, sondern auch an einer veränderten Situation in der evangelischen Kirche. Politisch gesehen lässt sich bei den Protestanten ein Schwenk zur Union beobachten. Beleg dafür sind etwa gewisse Positionierungen in der Wirtschaftspolitik und zum Thema Islam.

Als Hinweis mag auch eine Personalie dienen. »Bevollmächtigter des Rates der Evangelischen Kirche bei der Bundesregierung« wurde 2009 Bernhard Felmberg. Der Theologe war zwei Jahre Geschäftsführer des Evangelischen Arbeitskreises der CDU/CSU. Von daher kannte er zumindest das Berliner Konrad-Adenauer-Haus und den inneren Takt der Parteizentrale gut. Der Berliner Theologe Christoph Markschies fasst es bei einer Veranstaltung der Partei zusammen: »Die protestantische Theologie hat endlich ihre Aversion gegen eine christliche Partei überwunden.« Evangelische Pastoren hätten sich früher zumeist bei den Sozialdemokraten heimisch gefühlt, das sei heute nicht mehr so einseitig ausgeprägt.

Es gibt Nebenkriegsschauplätze: Eine Frontlinie heißt beispielsweise, gleichgeschlechtliche Paare dürfen keine Kinder adoptieren. Da zieht die Kanzlerin noch mit der katholischen Kirche mehr oder weniger an einem Strang. Doch sicher haben solche neuen Bastionen keine bindende Kraft mehr. In der Debatte über die »Ehe für alle« plädieren auch prominente CDU-Politiker für die Gleichstellung. CDU-Präsidiumsmitglied und Finanzstaatssekretär Jens Spahn etwa, der von einem Sieg konservativer Werte spricht.

Auch in der deutschen katholischen Kirche scheinen inzwischen die politischen Sympathien breiter verteilt zu sein. Sie fliegen den Grünen zu, wegen der neuen Nachdenklichkeit in der Bioethik, wegen Umwelt- und Entwicklungsfragen. Auch wegen der kritischen Zustimmung zu Militäreinsätzen. Doch es gibt – vom Militärbischofsamt bis zur katholischen Friedensbewegung Pax Christi – auch Annäherungen in andere Richtungen.

In den 1990er-Jahren hält Angela Merkel den traditionellen Gottesdienst vor Beginn der Parteitage noch für befremdlich, Gottesdienste seien etwas Privates, so ihre ursprüngliche Einstellung, als sie zur CDU kommt. Das gibt sie offen zu. »Heute sehe ich das anders«, sagt sie in Bezug auf den Gottesdienst beim Auftakt eines Parteitags. »Eine solche Stunde hilft auch, das Wichtige vom Unwichtigen zu trennen.«[6] Ein Mitglied der Grundsatzprogramm-Kommission der CDU beklagt in einem Gespräch, dass bei einer Wochenendklausur für den Sonntagvormittag im Programm kein Gottesdienstbesuch eingeplant war. Dass aber dann – außer zwei oder drei älteren Mitgliedern – auch keiner überhaupt an einen Kirchgang gedacht habe, das erschrecke ihn zutiefst.

Merkel gehört zu denen, die nicht daran denken, sie ist da nicht anders als viele in der Partei. Der Parlamentarische Staatssekretär beim Bundesministerium für Familie, Senioren, Frauen und Jugend, Hermann Kues, hat viel für mehr Sichtbarkeit des Glaubens geworben. »Ich würde mir wünschen, dass ihre christliche Prägung häufiger von außen wahrnehmbar ist.«[7] Kein Zweifel, sie sei überzeugte Christin, es bleibe natürlich ihre persönliche Entscheidung, wie sie damit umgehe, beteuert er. Auch stehe ihre Politik gewiss auf dem »Boden der christlichen Sozialethik«. Nur eben der Bogen zum Glauben, zur Kirche, der fehle. Dieser sei gerade angesichts schwindender »Selbstverständlichkeiten« so wichtig.

Den christlichen Vorturner will Angela Merkel nicht geben. Sie wohnt unweit des Berliner Doms, doch ihr alter Weggefährte, Domprediger Friedrich-Wilhelm Hünerbein, hat sie dort, außer bei Staatsanlässen, noch nie gesehen, so tat er es im Magazin *Stern* kund. In einem Interview mit den Zeitungen der Verlagsgruppe Bistumspresse sagt Merkel etwas entschuldigend, die Menschen sähen ihren Glauben nicht, da sie ja vornehmlich in ihrer politischen Arbeit wahrgenommen werde. Bei anderer Gelegenheit verteidigte sie ihren persönlichen Glauben mit dem Hinweis auf die nötige Ruhe. Wenn sie bete, könne sie das Blitzlichtgewitter schlecht vertragen. Deswegen verzichte sie lieber auf die Sichtbarkeit in solchen Momenten. Andere Politiker haben da weniger Scheu.

In der Nähe ihres Ferienhauses in der Uckermark sei sie häufiger in einer Kapelle gesichtet worden, heißt es. In einem Interview sagte sie einmal, sie bete »fast jeden Tag«. Spekulationen über ihren persönlichen Glauben helfen nicht weiter. Zur Schau trägt sie ihn nicht. Sie will vor allem die Gefahr eindämmen, den Schatz des Glaubens durch die Politik vereinnahmen zu lassen. Denn das kennt sie zur Genüge. Deswegen dosiert sie ihre Signale, so könnte man es freundlich formulieren.

Auf dem Ökumenischen Kirchentag in München holt Angela Merkel dann doch noch das Kreuz ein, eine ganz besondere Kreuz-Debatte: 2010 holt Christian Wulff als Ministerpräsident in Niedersachsen die erste Muslimin in sein Kabinett. Das passt zu Merkels Linie in der Integrationspolitik. Doch noch vor ihrem Amtsantritt spricht sich Aygül Özkan (CDU) in einem Interview dafür aus, Kreuze aus allen Klassenzimmern zu verbannen. Eine Schockwelle durchläuft die Union. Entpuppt sich die Muslimin etwa als knallharte Laizistin? Das hätte die CDU und vor allem die CSU noch weniger vertragen als eine Andersgläubige in ihren Reihen. Özkan lässt schnell dementieren, so habe sie es nicht gemeint, sie habe sich nicht so gut ausgekannt und wolle an der Praxis nichts ändern.

Angela Merkel greift diese Frage auf dem Kirchentag noch mal auf und bekennt sich zum Kreuz im öffentlichen Raum. Nur ein Versprecher bei ihrem Auftritt deutet möglicherweise an, wie fern ihr die Debatte doch eigentlich liegt. Keiner wolle verbieten, dass »Kreuze in Kirchen hängen«, sagte sie. In Kirchen? »In Schulen!«, schob sie nach, das Publikum lachte mit ihr. So was nimmt ihr keiner mehr übel.

Kapitel 1

Pfarrerstochter privat

Artischocken einkaufen

Merkels Worte sind meist wohlbedacht, ihre Aussagen eng umzirkelt. Manchmal holt sie weit aus, um dem Fragesteller zu antworten. Dabei schweift sie nicht ab, sondern nimmt die Frage sehr genau. Ein Kollege vom Radio wollte einmal ein knackiges Statement zum Thema Nahostpolitik, die Kanzlerin hält aber ein kleines außenpolitisches Proseminar, bevor sie die eigentliche Antwort gibt. Dabei ist sie schlagfertig und nimmt die Journalisten mit einem Seitenhieb auch mal ein wenig hoch.

Ihre eigentliche Scheu, Privates preiszugeben, hat sie inzwischen verwandelt in die Gabe, kleine Anekdötchen zur Freude für die Journaille bereitzuhalten. Bisweilen vernebeln diese das Private dann mehr, als dass sie wirklich ein Geheimnis lüften.

Um Angela Merkels Privatleben in Berlin ranken sich einige – wahre oder unwahre – Geschichten. Den Einkauf, so erklärt sie beispielsweise, erledige normalerweise ihr Mann, Joachim Sauer. Doch sie schreibe die Einkaufszettel. Dass sie gern backt und kocht, ist längst bekannt. Pflaumenkuchen sei eine ihrer Spezialitäten. Schon als Ministerin im Kabinett Kohl hatte sie geklagt, zu kurz sei die Saison, um einen Backtag zwischen die politischen Termine platzieren zu können. Als sie noch nicht Kanzlerin war, habe sie auch noch zu sich nach Hause an den Kupfergraben in Berlin-Mitte gegenüber vom Pergamonmuseum eingeladen. Das sei seltener geworden.

Was sich denn geändert habe, seitdem sie Kanzlerin sei, wird sie einmal gefragt. »Einkaufen«, antwortet sie. Wenn sie in den Supermarkt gehe und sich suchend umschaue, dann dauere es nicht lange, schon stünden mehrere Mitarbeiter um sie herum. »Mich kennen alle«, sagt sie trocken, das habe sich geändert. Und wie lästig das ist, das erzählt die Geschichte. »Was suchen Sie denn?«, wird sie von den Supermarktmitarbeitern gefragt. »Artischocken im Glas«, sagt Angela Merkel. Die Supermarktmitarbeiter schauen erst sie, dann die Kollegen ungläubig an. »Artischocken im Glas?« Inzwischen hat sich der Filialleiter dazugestellt. »Artischocken im Glas? – Aber, liebe Frau Bundeskanzlerin, wir haben selbstverständlich frische Artischocken für Sie!«, sagt der Chef. »Ich will aber Artischocken im Glas«, wiederholt die Regierungschefin. Die frischen seien ihr zu mühselig. Wieder Kopfschütteln beim Personal. Schließlich bekommt sie das Gewünschte. Vor den Journalisten endet die Kanzlerin mit der Bemerkung, dies sei das Anstrengende am Kanzlerin-Sein, dass man alles begründen müsse, sogar, wenn man Artischocken im Glas kaufen wolle.

Das Leben mit der Prominenz bringt natürlich viele Alltäglichkeiten durcheinander. Am Wochenende zieht Merkel sich deswegen gerne in ihre »Datsche« in der Uckermark zurück. Ein Nachbar wird von Journalisten bedrängt, er solle doch preisgeben, was ihm auffalle, seitdem sie Regierungschefin sei.

Er antwortet trocken: Sie springt nicht mehr so häufig in den See. Anders als andere lässt sie sich nicht wirklich offiziell im Urlaub in den Bergen oder auf einer italienischen Insel fotografieren. Allenfalls Paparazzi lichten sie mal heimlich dort ab. Da war Schröder anders, und auch die Urlaubsbilder von Helmut Kohl am Wolfgangsee sind ikonografisch geradezu legendär.

Besonders zeigt sich ihre Art, das Persönliche und Private vor einer gierigen Öffentlichkeit zu schützen, in Glaubensdingen. In Kirchen lässt sie sich privat nicht sehen, zumindest nicht so, dass es jemand mitbekäme. Das ist ihr zu aufgesetzt. Einmal hat sie gesagt, sie würde auf eine einsame Insel eine Bibel mitnehmen. Mit dem Buch käme bestimmt keine Langeweile auf. Ein andermal scheint ihr diese Bemerkung schon wieder zu bekennerhaft zu sein, sie relativiert das Statement. Ein Handy dürfe nicht fehlen. Und eine Kerze und ein Messer, damit komme man über die Runden.

Auf dem Kirchentag 1995 in Hamburg spricht sie noch sehr offen über ihren Glauben, damals ist sie gerade ein paar Jahre Ministerin unter Kohl und schützt sich noch nicht so sehr vor der neugierigen Öffentlichkeit, verkriecht sich noch nicht ins allzu Diplomatische. Zwei Arten von Glauben gebe es, sagt sie damals. Sie habe extreme Glaubenshaltungen erlebt, die habe sie schon als Jugendliche abstoßend gefunden. Etwa, wenn jemand einfach sage: »Daran glaube ich«. Sie sei in jungen Jahren auf der Suche gewesen, doch sie habe gewusst, so ein zementierter Glaube könne nicht der richtige sein.

»Wir haben das in der früheren DDR sehr oft in Diskussionen, beispielsweise über den Marxismus, erlebt. Da gab es viele, die ich manchmal darum beneidet habe, einfach daran glauben zu können. Nicht nachfragen, einfach behaupten, sich nicht unsicher machen lassen, nicht zweifeln«, so erzählt sie.

»Dieses Handeln beinhaltet dann aber auch einen recht rücksichtslosen Umgang mit anderen, weil dann schnell der Zweck die Mittel heiligt.«

Ein anderes Bild von einem Glauben, der ihr mehr zusagt, beschreibt Merkel am Beispiel eines Erlebnisses auf ihrer ersten Israelreise als Jugendministerin im Kabinett Kohl. Damals besucht sie das Benediktinerkloster Tapka am See Genezareth. Ein Mönch beeindruckt sie besonders. Er führt sie nach draußen. »So standen wir in dieser Landschaft mit ihren Hügeln und sahen die fruchtbare Ebene, in der der See Genezareth liegt. Dieser Mönch nun sagte zu uns: ›Schauen Sie einmal, hier ist Jesus den Berg heruntergekommen, und dann war er hier am See, und wenn Sie jetzt hier in die nächste Bucht gehen, da hat er Petrus getroffen, den Fischer, und da ein Stück weiter, da war die Speisung der 5000, und dann ist er da hinübergefahren, und dort geschah das Erlebnis mit dem Sturm.‹«

Diese Worte des Mönches haben eine besondere Wirkung auf Angela Merkel: »Ich habe doch auch die Bibel gelesen, und ich wusste auch, was am See Genezareth geschehen war, aber dass da ein ganz aufgeschlossener Mensch einfach so feststellt, dass hier und da oder genau dort dieses und jenes geschehen ist, das hat mich doch überrascht. Diese Worte müssen etwas mit einem Glauben zu tun haben, der diesem Mann auch im täglichen Leben für seine Arbeit eine große Kraft verliehen hat.«

Dieses Erlebnis gibt einen guten Eindruck von ihrem persönlichen Glauben, den sie auf dem Kirchentag so beschreibt: »Dieser Mönch hatte eine Kraftquelle, die mir durch seine Worte deutlich geworden ist. Ich habe ihn ein bisschen beneidet, weil ich mir mit meinem Glauben nicht immer so klar und sicher bin und ich auch manchmal Zweifel habe.«

2005 gibt sie der TV-Zeitschrift *Bildwoche* ein Interview und erzählt, dass sie fast jeden Tag bete. Interessant dabei: Sie erteilt dem Beten für den Wahlerfolg eine Absage. »Um politische Ziele zu beten, finde ich unredlich«, sagt sie. In ihren Gebeten gehe es um Gesundheit und Kraft. »Den Rest muss ich schon alleine schaffen.« Einige Publizisten wollen daraus mangelndes Gottvertrauen ableiten, im Kern verdeutlicht es wieder einmal ihre Trennung von gelebtem Glauben und konkreter Politik.

Im Austausch mit dem Journalisten Hugo Müller-Vogg spricht sie über die Bedeutung des Glaubens und hebt diese über eine rein moralische oder auf sich selbst bezogene Dimension hinaus. Es geht auch ihr um Glaubensvollzug und Praxis. »Der Glaube ist für mich in jedem Fall eine Erleichterung. Dann aber gibt es noch eine ganz andere Ebene, die bei mir eine Rolle spielt: Es macht mir Spaß, in der Gemeinschaft eines Gottesdienstes mitzusingen. Das hat etwas Befreiendes.«[8]

Von ihrem Vater wird berichtet, er habe in der Pfarrkirche in Templin auch neue Predigtansätze ausprobiert, die aber nicht gut angenommen worden seien. Wie seine Tochter damals über die Experimentierfreude ihres Vaters gedacht hat, ist nicht bekannt. Nur dass sie zu den Kindergottesdiensten ging, ist überliefert. Auch wie ihr Gottesdienstbesuch während des Studiums in Leipzig und später in Berlin ausgesehen hat, will keiner so genau wissen. In der Gethsemane-Gemeinde, zu der sie sich zugehörig fühlte, war sie wohl eher nicht jeden Sonntag zu sehen.

Umso erstaunlicher wirken Angela Merkels Überlegungen, die sie beim Evangelischen Kirchentag 2005 in Hannover, äußert. Dort widmet sie sich einem alttestamentlichen Stück. Und es kommt zu einer denkbar starken Auseinandersetzung

mit protestantischer Gegenwart. Sie analysiert den Prophetentext Maleachis und legt seine Mahnung angesichts einer gottlosen Umgebung dar. Bei aller Vorsicht überträgt sie die 2500
Jahre alte Geschichte auch auf die Jetztzeit des Glaubens und
fragt nach der heutigen Präsenz Gottes.

»Leben nicht die meisten Menschen in unserem Land und
in Europa längst, als wenn Gott abwesend wäre?« Der Prophet
wolle an Gott erinnern, das sei heute ebenso nötig, sagt sie.
»Ich frage mich vor dem Hintergrund dieser prophetischen
Mahnung heute auch: Haben wir – gerade auch wir deutschen
Protestanten – überhaupt noch ein rechtes Bewusstsein davon,
dass ein lebendiger Glaube neben ethischer Gesinnungsforderung und gesellschaftlich-politisch geübter Verantwortung –
was alles wichtig ist! – auch wesentlich etwas mit ‚Kultus‘ zu
tun hat?«

Die – was Glaubensdinge angeht – oft als so zurückhaltend
empfundene CDU-Vorsitzende fährt hier eine deutliche Kritik der religiösen Realität in Deutschland auf. Und obwohl
gerade sie so wenig im religiösen Kultus sichtbar ist, verlangt
sie nach Kultus statt nach Moral oder gesellschaftlichem Handeln. Soll hier die Religion, vielleicht sogar die Kirche, aus der
Politik herausgedrängt werden? Oder ist es nicht vielmehr die
Erkenntnis, dass eine Religion von der Praxis ihrer selbst – das
heißt etwa dem Gottesdienst – wieder neu belebt werden
müsste?

Kultus hat ihrer Meinung nach, »mit gelebten und gefeierten und im Gottesdienst sinnlich erfahrbaren Ritualen« zu tun,
»mit der Pflege von Frömmigkeitspraxis, mit Gebeten, mit
gelerntem und verinnerlichtem Katechismus, Liedern und
Bibelstunden«. Weiter fragt sie, ob sich dies denn in den
Gemeinden überhaupt noch finden lasse. Sie schließt ihr Plä-

doyer mit dem Satz: »Wie pflegen wir unsere diesbezügliche Identität? Glaube, gerade auch wenn er den kommenden Generationen weitervermittelt werden will, bedarf auch der Formgebung und der bewusst liebevollen Gestaltung.« Kritiker mögen einwenden, diese eher konservativ-religiöse Darlegung entstamme der Feder eines Redenschreibers im Konrad-Adenauer-Haus, der mit der Zunge seiner Chefin Kirchenpolitik betreiben will. Wie weit sie sich jedoch solche Sätze diktieren lässt, ist eher fraglich. Sicher sagt sie dies mit weitgehender Übereinstimmung.

Ein Liebäugeln mit dem Katholizismus lässt sich daraus nicht ableiten. Der Pomp der römischen Kirche soll, so sagen Vertraute, ihr immer sehr fremd geblieben sein, wenngleich sie trotz allem eine gewisse Wertschätzung für den deutschen Papst Benedikt XVI. zeige. Ihr gefällt seine Betonung der Vernunft im Nachdenken über den Glauben. Und vom Zeremoniell nach dem Tod von Papst Johannes Paul II. und der Wahl des neuen Kirchenoberhauptes soll auch die uckermärkische Protestantin sich habe beeindrucken lassen, wissen Begleiter. Die Oppositionsführerin war damals spontan noch mit Kanzler Schröder und Innenminister Otto Schily in der Regierungsmaschine nach Rom mitgeflogen. Ein ungewöhnlicher Vorgang für ein welthistorisches Ereignis.

Hamburgerin auf dem Land

Wie man mit Wurzelwerk umgeht, das lernt Angela Merkel früh. Ihr Lehrmeister ist der Gärtner des Waldhofs; dort am Rande von Templin in der Uckermark wächst die gebürtige Hamburgerin auf. Es ist ein Hof im wahrsten Sinne des Wortes, ein großer landwirtschaftlicher Betrieb, auf dem gepflanzt und geerntet wird, gefüttert und geschlachtet.

Die heutige Bundeskanzlerin erlebt eine Kindheit und Jugend nicht nur sehr naturnah und naturverbunden, wie schon oft geschrieben wurde, sondern direkt auf einer Art Bauernhof. Sie selbst hat diese persönliche »Wurzel« immer betont, wenn man überhaupt sagen kann, dass sie persönliche Dinge mit Betonung kundtut.

Der Waldhof war und ist ein von der evangelischen Stephanus-Stiftung betriebenes Behindertenheim mit Wohnungen und Werkstätten. In den 1960er-Jahren war der landwirtschaftliche Charakter noch deutlicher zu sehen, der eben auch der Selbstversorgung der Bewohner dieser ungewöhnlichen Insel im sozialistischen Meer diente. Ein ehemaliger Schulkamerad, Sohn des Pfarrers von Templin, erinnert sich an frisch geschlachtete Schweinehälften, die noch dampfend auf dem Hof hingen.

Angela Dorothea Kasner, später verheiratete Merkel, wird am 17. Juli 1954 in Hamburg als erste Tochter der Lehrerin Herlind Kasner, geborene Jentzsch, und des Theologiestudenten Horst Kasner geboren.

Auf dem Waldhof bei Templin leitet Vater Kasner ab 1957 das Pastoralkolleg, eine Fortbildungseinrichtung für evangelische Theologen, zudem ein besonderer Ort der evangelischen Kirche in der DDR. Das Elternhaus dient gleichzeitig als Seminargebäude. Im Erdgeschoss sind die Schulungsräume, in der ersten Etage wohnt die Familie, unter dem Dach sind Untermieter einquartiert.[9]

Dort, im Haus von Kasners, gibt es Bücher, die man weder kaufen konnte, noch alle erlaubt sind. Wegen einer Schrift von Andrei Sacharow beschäftigt sich unter anderem die Staatssicherheit mit dem ungewöhnlichen evangelischen Theologen. Sacharow ist für die kritischen Kreise der DDR eine wichtige Figur, da er sich sozusagen vom kommunistischen Saulus zum regimefeindlichen Paulus gewandelt hatte. Im Pastoralkolleg sind bekannte Persönlichkeiten der evangelischen Kirche zu Gast, und auch prominente Theologen aus dem Westen reisen an.

Wer über die Wurzeln von Angela Merkel spricht, muss zunächst diese drei Erfahrungsbereiche in den Blick nehmen: das evangelische »Pfarrhaus«, in dem sie aufwächst, die Erfahrungen im Umgang mit Behinderten und die Liebe zur Landwirtschaft, zu Garten und Natur. Das alles steht zunächst noch vor dem Leben in der DDR als Diktatur – wenngleich das gewiss schwer strikt zu trennen ist.

Beim Evangelischen Kirchentag 1995 in Hamburg spricht die Umweltministerin aus dem Kabinett von Helmut Kohl über »persönliche Vorbilder«. Heute wäre so ein Vortrag kaum mehr denkbar; zu sehr hat sie sich inzwischen zurückgezogen und schützt sich vor allzu privaten Einblicken. Damals aber erzählt sie: Ihr erstes Vorbild sei ein Gärtner des Waldhofs gewesen. Nicht nur einfach ein Gärtner, Angela Merkel beschreibt ihn als ganz besonderen Menschen. Als frühen Lehrmeister – nicht nur im »Pikieren der Pflanzen«, das heißt im Beschneiden des Wurzelwerks und im Umtopfen. Er ist ihr Vorbild, was den Umgang mit Zeit angeht, mit Menschen und mit Pflichten und Regeln.

Es ist eine eindrückliche Passage, in der sie ihn 35 Jahre später vorstellt: »Dieser Gärtner, ein stämmiger, älterer Mann, hat mir ein großes Grundvertrauen, eine große Ruhe eingeflößt. Er hatte immer Zeit, was ich am schönsten fand, denn meine Mutter hatte nicht immer Zeit, mein Vater schon gar nicht.

Aber dieser Mann, der eigentlich viel Arbeit hatte, fand trotzdem Zeit für mich. So konnte man von ihm allerhand über das praktische Leben erfahren. Beispielsweise habe ich gelernt, wie man Blumenpflanzen pikiert oder wann die Alpenveilchen gut sind. Ich habe von ihm gelernt, mit den geistig Behinderten zu sprechen. Es war eine unglaublich warme, vertrauensvolle, gute Atmosphäre, in der ich schmutzige Möhren essen durfte, in der ich faul sein durfte, in der ich sogar einmal einen Schluck schwarzen Tee bekommen habe. Es war gut.«[10]

Politikerreden sind immer mit Vorsicht zu genießen. Zum einen, weil sie zumeist einen Zweck erfüllen sollen, das Gesagte steht also nicht für sich allein. Zum anderen sind diese Reden häufig nicht von demjenigen verfasst, der sie auch vorträgt. Und dennoch lässt sich auch bei solchen Texten immer wieder die wahre Person dahinter entdecken. Diese Rede auf dem Hamburger Kirchentag ist so persönlich, dass sie kaum von einem anderen geschrieben worden sein kann. Und sie ist in Teilen so entwaffnend, dass sie auch nicht nur als belanglose Anekdote abzutun ist.

Viele westdeutsche Politiker haben solche und ähnliche Äußerungen der jungen Politikerin aus dem Osten in den ersten Jahren nach der Wende angekreidet. Sie seien unprofessionell und unüblich. Andere haben nur gelacht. Von ihr sei keine Karriere zu erwarten. Sie selbst, diejenige, die heute manchmal als »kalt« beschrieben wird, hat damaligen Mitstreitern, wie etwa ihrem Förderer Lothar de Maizière, vom »Frösteln« in Bonn berichtet. Ihre Offenheit wurde mit Ablehnung bestraft; ein Grund dafür, warum sie heute verschlossener erscheint als alle anderen Spitzenpolitiker. Dies gilt für persönliche und private Dinge, aber auch und besonders für religiöse Fragen und Glaubenssachen.

»Dieser Mann hat bei mir das Gefühl der Verbundenheit zur Erde, zum Boden, zur Natur geweckt. Ich spüre auch heute selber, wie wichtig Zeit ist – neben allen anderen Gütern, die man hat –, manchmal habe ich sie leider nicht. Ich habe mich viele Jahre an den Mann nicht erinnert, aber in letzter Zeit fällt er mir wieder immer öfter ein.«[11] Es gehört wenig dazu, in dieser Figur eine Art zweiten Vater zu erkennen, eine Art Gegenbild zu Horst Kasner.

Der Vater, Theologe und Kirchenpolitiker, strenger Protestant und disziplinierter Preuße, gehört natürlich auch zu ihren Vorbildern. Manche sehen in ihm die zentrale Figur zum Verständnis der heutigen Bundeskanzlerin. Seinetwegen und wegen seiner beruflichen Entscheidung wuchs Angela Merkel in der atheistischen DDR auf, seine Haltung zum SED-Staat prägte ihr Leben, das zwischen Abgrenzung und Anpassung zu beschreiben ist.

Zunächst aber hängt die Tochter an ihrem Vater, wie sie immer wieder berichtet. »Er hat immer viel gearbeitet. Arbeit und Freizeit flossen bei ihm zusammen, und manchmal hat er sich mit der Arbeit vielleicht auch von den Familienpflichten ferngehalten. Er ist emsig und sehr gründlich. Leider. Als Kind war es nicht einfach, wenn alles immer ordentlich und perfekt sein musste. Er kann auf Menschen zugehen und mit ihnen gut ins Gespräch kommen.«[12]

Doch für die Tochter ist die Mischung aus Strenge und Weltläufigkeit als Kind auch eine unangenehme Erfahrung. »Was mich als Kind manchmal fuchsig gemacht hat, war seine Art, verständnisvoll gegenüber jedermann zu sein. Aber wenn wir selbst etwas verbockt hatten, reagierte er völlig anders.«[13] Kasner sagt im Nachhinein sogar selbst, er sei zu streng gewesen mit seinen Kindern.

Der Garten des Waldhofs und der Gärtner sind Fluchtmöglichkeiten aus der Welt des Vaters, die immer auch mit Kampf und Disziplin zu tun hat, mit Politik und Theologie, mit Ansprüchen und Anfeindungen. Später wird Angela die beste Schülerin ihrer Schule sein, Gewinnerin von Mathe- und Russisch-Olympiaden, dennoch als Tochter des »Pfarrers« auch »immer Außenseiterin«[14]. »Ihr müsst besser sein als alle anderen, sonst lassen sie euch niemals studieren«[15], mit diesem Satz soll Mutter Kasner ihre Kinder morgens losgeschickt haben in die feindliche Umgebung außerhalb der Waldhof-Insel. Doch das Kasner'sche Elternhaus muss man sich wohl auch jenseits der Politik als bürgerlich und streng vorzustellen haben. Da gibt es keine »schmutzigen Möhren« und Faulenzen schon gar nicht. Der Umgang mit den Behinderten kommt noch dazu und bildet das Gegenbild zu den Ansprüchen der Eltern.

Das Zusammentreffen mit den behinderten Bewohnern des Waldhofs sei für sie normal gewesen, erzählt Angela Merkel. Sie lernt Fröhlichkeit und erfährt, dass diese nicht an Gesundheit oder Erfolg gekoppelt ist, so beschreibt sie es. Sie lernt aber auch das Füreinander-Einstehen. »Da war ein Mann aus dem Heim, der immer die Kohlen gebracht hat und viel in unserem Garten geholfen hat. Ich weiß noch – er war sehr nett, aber er wollte unbedingt ein Leutnant sein. Und wenn er in der Stadt war, hat er immer versucht, so zu tun, als sei er wirklich einer. Die Leute haben ihn dann ausgelacht, und wir mussten ihn ein bisschen in Schutz nehmen, damit er sich nicht lächerlich machte.«[16]

Angela Merkel ist in ganz verschiedenen Wirklichkeiten aufgewachsen, das Jonglieren mit variablen Lebensnischen lernt sie von klein auf. Das beherrscht sie. Dem Ideologisierungsapparat der Außenwelt zu widerstehen, das wollte gelernt sein. Deswegen bringt der Vater ihr und ihren Geschwistern eine besonders scharfe Rationalität bei. Logisches Denken und Argumentieren als Gegengift zu Propaganda und Parteilügen. Das beschreibt Merkel immer wieder als wichtigstes Merkmal ihres Elternhauses. »Mein Vater hat auf die logische Strenge Wert gelegt, auf die Klarheit der Argumente«, berichtet sie über ihre Kindheit. »Den Unterschied zwischen einer Erörterung und einer Erzählung« habe sie nicht in der Schule, sondern bei ihrem Vater gelernt[17], gibt sie als Beispiel an. Dieser Rationalismus ist bei ihr lebendig bis heute, und er steht von Anfang an neben dem Glauben, vielleicht auch im Widerstreit mit ihm, nicht prinzipiell gegen ihn.

Oft wird Angela Merkel als die Naturwissenschaftlerin beschrieben. Die Physikerin an der Macht sei die treffendste Beschreibung ihres Charakters, heißt es. Das verkennt, dass die nüchterne und strukturierte Herangehensweise bei ihr gerade aus dem Pfarrhaus erwachsen ist und nicht nur aus dem späteren Studium. Theologie wollte sie nicht studieren, das hat sie immer wieder betont. Das wäre unter den Bedingungen der DDR noch möglich gewesen, mit den Freiheiten der Kirche. Lehrerin zu werden hingegen, wie es ihre Mutter war, wird ihr unter den gegebenen Verhältnissen kaum als machbar erschienen sein. Dass sie sich aber gleichwohl hätte vorstellen können, Lehrerin zu werden, lässt sie durchblicken. Die Physik ist demnach nicht ihre angeborene große Leidenschaft und in der Schule liebt sie das Fach nicht sonderlich. Vielmehr sind die Naturwissenschaften eine willkommene Nische für kritische Geister in der Diktatur.

Das Rüstzeug hat ihr der Vater, der Theologe, mitgegeben. Sie selbst meint, die sehr logische und rationale Herangehensweise an die Dinge sei »für ein Pfarrhaus eher untypisch«[18]

gewesen. Doch möglicherweise ist das für die Situation in der DDR gerade nicht der Fall. Das Argument, der eigene Gedanke böte den besten Schutz gegen die Ideologie. Ein Weggefährte aus der späteren Berliner Zeit, der selbst aus evangelischem Pfarrhaus stammt und evangelischer Pfarrer geworden ist, beschreibt es so: Das logische Denken sei gerade in Theologenhaushalten der DDR besonders kultiviert worden. »Sie wollten uns das austreiben, den klaren Blick auf die Wirklichkeit, deswegen haben meine Eltern versucht dagegenzuhalten.«[19] Die evangelischen Pfarrhäuser in der DDR waren ein Hort von Bürgerlichkeit, konservativer sicher als ihre westdeutschen Pendants, Träger des »Kulturprotestantismus«, wie Jacqueline Boysen es ausdrückt.[20] Ein Ort der Bildung, die nicht staatlich organisiert war, ein Ort, an dem rationales und schnelles Denken zu Hause war.

»Bei den Mathe-Olympiaden waren wir Pfarrerskinder unter uns«, meint auch ein Berliner Theologe, der Angela Merkel von einem Gesprächskreis im Prenzlauer Berg her kennt. Er selbst schafft es bei dem landesweiten Mathe-Wettstreit allerdings nicht so weit wie Angela Merkel, die – amtlich bestätigt – zu den Besten der DDR gehört. Lothar de Maizière bescheinigt ihr nach der Wende, als er sie persönlich kennenlernt, eine wichtige Qualifikation: »Sie verstand sich auf die Gesetze der formalen Logik, konnte notwendige Bedingungen für bestimmte Ursachen benennen.«[21] Das sei allein schon in der aufgebrachten politischen Zeit 1990 keine Selbstverständlichkeit gewesen. Ihre Strenge sei durch und durch protestantisch, sagt der ehemalige Ministerpräsident im Rückblick.

Der Waldhof also bietet beides: das naturnahe und warmherzige Aufwachsen in einer Familie und einen Großbetrieb mit ganz unterschiedlichen Persönlichkeiten. Die strenge Schule eines preußisch-protestantischen Geistes, des Theologen und politischen Kopfes Horst Kasner. Zu Hause am Küchentisch sei fortwährend diskutiert worden, berichtet die Tochter. Die Mutter vielleicht als Vermittlerin zwischen den Polen. Wie grausam die Welt sein kann, das aber lernt Angela Merkel schon als Kind, wenn beispielsweise einige Spielkameraden nicht zu ihr dürfen. Wegen der »Bekloppten«, wegen der Kirche oder wegen des Vaters.

Justus Schwer darf kommen. Er ist der Sohn des Ortspfarrers von Templin und teilt das Schicksal der Kasner-Kindern in vieler Hinsicht. Auch sein Vater ist von Westen nach Osten gegangen, auch sein Vater Theologe, auch er teilweise ausgegrenzt in der realsozialistischen Welt wegen dieses vermeintlichen Makels. Aber sie teilen eben auch vieles Schöne, die Kindergottesdienste, die Christenlehre nach der Schule, die den Religionsunterricht ersetzt. Und das Spielen auf dem Waldhof. Schwer erinnert sich an das »Kinderparadies« mit den Tieren, dem vielen Platz – und der relativen Freiheit. »Es war unser Abenteuerspielplatz.«[22]

Horst Kasner, Angela Merkels Vater, Jahrgang 1926, stammt aus Berlin-Pankow. Im Osten kann er nicht Theologie studieren, deswegen zieht er zunächst nach Heidelberg, dann nach Hamburg. »Er war in den Westen gegangen mit der festen Absicht wiederzukommen«, sagt die Tochter viele Jahre später gegenüber der Journalistin Evelyn Roll.[23] Er habe sich seiner Landeskirche verpflichtet gefühlt, heißt es, im Osten herrscht ein Mangel an Pfarrern. Er ist überzeugt, auch in der DDR müsse es Pastoren geben. »Dass ich in Hamburg geboren bin, verdanke ich meiner Mutter, die nicht sechs Wochen vor meiner Geburt umziehen wollte«, ergänzt die Tochter.

1954 tritt der Theologe seine erste Stelle als Jugendpfarrer in der brandenburgischen Prignitz an, in Quitzow bei Perleberg. Er zieht mit seiner Familie in den Osten zu einer Zeit, in der viele Hunderttausende - bis zum Bau der Mauer waren es über 2,7 Millionen - den umgekehrten Weg wählen und nach Westen flüchten. Unter evangelischen Theologen stellt dieser Weg allerdings keine Ausnahme dar. Es sind einige, die Pfarrstellen in der DDR annahmen.

»Ich wäre auch nach Afrika gegangen, wenn man mich geschickt hätte«, beschreibt Horst Kasner seine Entscheidung. Er sieht es als einen Dienst an der Kirche Jesu Christi, nicht als eine Entscheidung für den Sozialismus. Später schließt er sich dem Weißenseer Kreis an, der den Begriff von der »Kirche im Sozialismus« für sich reklamiert. Da gilt er als der »rote Kasner«, der die DDR-Staatlichkeit im gewissen Rahmen bejaht, wie es der Politikwissenschaftler Gerd Langguth beschreibt.[24]

Doch zunächst ist dieser Schritt nicht nur Idealismus, sondern auch persönlich naheliegend – trotz des Kirchenkampfs im Osten. Seine Kirche hat ihn gerufen, Bischof Hans Otto Wölber aus Hamburg informiert ihn über die freien Stellen in seiner alten Heimat. Auch gibt es einen Aufruf der evangelischen Bischöfe, sich im Osten zu engagieren. Angela Merkel ist also eine zugezogene Ostdeutsche. In einem kleinen Ort wie Templin weiß man, woher die Leute kommen, ob aus der Kreisstadt, aus dem Nachbardorf – oder eben ganz aus der Fremde. So ist die Familie Kasner auch aus ganz anderen Gründen zunächst neu und anders in Templin – ganz abgesehen von der umgebenden Diktatur und der herrschenden Kirchenfeindlichkeit.

Templin folgt auf Quitzow, nach dem Dorf eine stolze Stadt mit Stadtmauer und prächtiger Altstadt. Der Krieg hat allerdings massive Zerstörungen hinterlassen. 1957 schickt der damalige Generalsuperintendent und spätere Bischof Albrecht Schönherr Horst Kasner auf den Waldhof, nahe vor der Stadtmauer Templins gelegen, um ihn dort eine Fortbildungsstätte für evangelische Pfarrer aufbauen zu lassen.

Es sollte Kasners Kolleg werden, ein Lebenswerk. Nach ihm, im wiedervereinigten Deutschland, wird diese Bildungseinrichtung bald geschlossen. Nahezu jeder Brandenburger Theologe der damaligen Zeit kennt den Waldhof und verbindet ihn mit der Person Kasners, die mal als streitlustig, mal als anregend beschrieben wird. Wohl kaum einen lässt sie unberührt. Kasner ist einer der intellektuellen Köpfe der Berlin-Brandenburgischen Kirche. Die Stasi soll versucht haben, ihn zu werben, wohl ohne Erfolg. Sicher ist, dass er sich mit dem Staat arrangiert, ihn in gewisser Weise als Realität anerkennt. »Er wollte, dass sich die Kirche an der Realität orientiert, um gleichsam nicht immer in der Fremde zu leben«, so sagt es seine Tochter.[25]

Ein Pfarrer, der in den 1980er-Jahren einmal im Jahr zum geistigen Auftanken im Waldhof zu Gast ist, beschreibt im Gespräch die Konflikte mit Kasner und gleichzeitig den Nährboden dort, der wichtig gewesen sei, um sich auch in der DDR wachzuhalten. »Wir waren alle nicht gegen den Sozialismus«, sagt er. »Verändern wollten wir ihn«, erinnert er sich. Doch gekracht habe es dennoch immer wieder in den Diskussionen mit Kasner. Die Beurteilung Dietrich Bonhoeffers, der für viele eine zentrale christliche Figur und ein Vorbild war, dessen, wie man auch sagen könnte, Vereinnahmung durch politische Gruppen, das seien Konfliktpunkte gewesen. Diejenigen, die enger an den Staat rücken wollten, bezogen sich auf den Theologen und Widerstandskämpfer, die anderen auch, sie forderten eine Widerständigkeit nach dem Vorbild Bonhoeffers.

Als sich im Berliner Prenzlauer Berg in den evangelischen Gemeinden die Opposition formiert, ist draußen im Waldhof davon noch nichts zu spüren, so der Vorwurf manches Kasner-Schülers. Was die politische Bewertung der Person Kasners und seine Haltung zum Staat versäumt, ist seine Würdigung als geistige und theologische Persönlichkeit. Einige wenige ihrer engeren Vertrauten soll Merkel einmal zum Besuch nach Templin geschickt haben. Und sie erlebten einen über 80-jährigen, noch immer engagierten Protestanten, der sich für den Wiederaufbau eines kleinen Kirchleins im Grünen einsetzt. Dort, in dem Dörfchen Alt Placht, nimmt er sich der Ruhe suchenden Berliner an, die sich dort trauen lassen möchten oder für ihr Kind die Taufe erbeten. Doch ganz so einfach ist das bei Horst Kasner nicht, so berichten die Besucher. Er verbindet das Gespräch immer mit einer kleinen Katechese, keiner der gottentwöhnten Hauptstädter gehe nach Hause ohne kleine Merkkärtchen mit den wesentlichen Inhalten des Glaubens. So oder ähnlich muss auch die religiöse Erziehung der Bundeskanzlerin ausgesehen haben.

Manch einer, der den Vater aus der Zeit des Pastoralkollegs kennt, lernt Angela Merkel in ihrer Berliner Zeit nach dem Studium kennen. In den so wichtigen 1980er-Jahren ist sie eher unpolitisch. Aber sie war und bleibt, weniger in Leipzig während ihres Studiums als nach dem Umzug nach Berlin, Tochter eines prominenten Theologen. Sie hält sich weiter auch im kirchlichen Umfeld auf. Der Name ihres Ehemannes, den sie nach der Trennung beibehält, schützt sie etwas vor der Entdeckung. Sie ist nicht nur Pfarrerskind, sie ist eben Tochter von Horst Kasner, das hat sie geprägt, alles Kirchliche ist in ihrem

Leben von jeher sehr öffentlich, sodass sie sich später die Freiheit nimmt, Glaube und Religion endlich in den Schonraum des Privaten zu verschieben. Zumindest muss es zunächst persönlich sein, bevor es öffentlich werden kann. Vermutlich hat das der jungen Angela Kasner gefehlt.

Sie beschreibt ihre Prägung im Gespräch mit Hugo Müller-Vogg: »Weil mein Vater Pfarrer war, hatten wir Kinder einen ganz natürlichen Bezug zur Kirche. Wir waren einfach christlich, ohne das besonders zu reflektieren. Das war einfach Teil des Lebens. Professionalität und Christ-Sein gingen ineinander über.«[26] Auf die Frage, warum man ihr das Pfarrerskind nicht anmerkt, antwortet sie: »Was ist schon das typische Pfarrerskind? Ich komme auch nicht aus einem typischen Pfarrhaus, weil mein Vater während meiner ganzen Kindheit in der Weiterbildung für Pfarrer tätig war, also ein Seminar geführt hat. Es gab also nicht das klassische Gemeindeleben drum herum. Wohl aber gab es eine gewisse Gelassenheit.«[27] In einem Zeitungsbeitrag für ein evangelisches Sonntagsblatt beschreibt sie noch deutlicher ihren Hintergrund: »Ich bin in einer Familie groß geworden, in der das Christliche nicht nur den Lebensort, sondern auch die Lebenseinstellung prägte.«[28]

Um 18 Uhr läuten auf dem Waldhof die Glocken, dann müssen die Kasner-Kinder zum Abendbrot erscheinen. Angela Merkel erzählt in einem Interview von diesem Ritual, es sei ihr lästig gewesen, sagt sie. In Pfarrhäusern sei auch das Tischgebet sehr üblich, sagt Justus Schwer.

Angela Merkel wächst religiös auf, mit einer religiösen Selbstverständlichkeit, die durch die DDR-Realität immer wieder in Bedrängnis gerät, aber doch nicht beiseitegeschoben werden kann. Jeden Sonntag um 11 Uhr wird in der Templiner Sankt-Maria-Magdalenen-Kirche der Kindergottesdienst gefeiert. Damals, in den 1960er-Jahren, sitzen die Mädchen und Jungen noch getrennt, links im Kirchenschiff hockt Angela. Die Katechetinnen, die auch die Christenlehre unterrichten, bereiten den Gottesdienst mit vor. Meist geht es um die anschauliche Darstellung biblischer Geschichten.

»Wie mit der Muttermilch haben wir das Evangelium so aufgenommen«, sagt der Altersgenosse Justus Schwer. »Was du in der Jugend deinem Herzen einprägst, das wird dein unverlierbarer Besitz, das arbeitet an deinem Geist und an deiner Seele, das wird dir zu einer Lebenskraft. Was du nicht in deiner Jugend lernst, das geht dir später nur sauer ein, und leicht bleibt dein Herz arm und leer.« Mit diesen Worten beginnt das Buch »Schild des Glaubens«, mit dem Angela Merkel in der Christenlehre die biblischen Geschichten kennenlernt. »Wir haben vor allem die Zeichnungen von Paula Jordan geliebt«, berichtet Justus Schwer. Es sind Federstrichzeichnungen des biblischen Geschehens, die von den Schülern gerne ausgemalt wurden. »Diese Bilder waren sehr einprägsam und nicht so kitschig, wie es heute oft aussieht.« Der Titel »Schild des Glaubens« scheint die Situation auch von Angela Merkel zu beschreiben. Der Glaube als Bastion gegen die ideologischen Angriffe der Umgebung. Die Christenlehre in den Räumen der Gemeinde ersetzte seit Ende der 1950er-Jahre den Religionsunterricht in der Schule, den die DDR-Machthaber verboten hatten.

Diese Zeit ist von einem aggressiven Kirchenkampf geprägt, Pfarrer werden verhaftet, viele Mitglieder treten infolge der Propaganda und des Drucks aus der Kirche aus, vor allem die kirchliche Jugendarbeit wird stark behindert. In den 1960er-Jahren schwächt sich die Aggression ab, ist aber dennoch zu spüren. Justus Schwer erzählt, wie er als Kind

Angst vor dem Schulweg hat, weil Mitschüler ihm auflauern und mit Schneebällen traktieren. Der Grund: Er war das Kind vom Pfarrer.

Auch Angela Merkel beschreibt sich selbst als Außenseiterin, die weniger Freunde hat, aber auch die Neugierde der Mitschüler provoziert. In einem Interview mit der Zeitschrift *Brigitte* erinnert sie sich an dieses Lebensgefühl, am Rande und doch im Mittelpunkt der Aufmerksamkeit zu stehen: »Ich bin ja immer aufgefallen. So unscheinbar konnte man gar nicht sein. In der Uckermark reichte es schon, wenn man – wie ich – Kunstpostkarten gesammelt hat. Insofern: Ich konnte schon damit umgehen aufzufallen.« Und dann fügt sie lapidar an: »Es war eher so, dass ich anfangs im Westen weniger aufgefallen bin.«[29] Sie lässt offen, ob aus Tarnung, aus Vorsicht oder schlicht unbeabsichtigt.

In ihrer Kindheit fällt sie also wegen ganz verschiedener Dinge auf, wegen überragender Leistungen in der Schule, wegen ihres Elternhauses, wegen der besonderen Wohn- und Lebenssituation, auch wegen der Kleidung aus dem Westen, die sie fast ausschließlich trägt. Doch der Glaube und die Religion im engeren Sinne machen sie als Kind nicht an erster Stelle und nicht allein zur Außenseiterin. Auf die Frage, ob sie darunter gelitten habe, in der kirchenfeindlichen Umgebung Pfarrerstochter gewesen zu sein, antwortet sie: »Diese Phase war viel positiver, als dass sie beschwerlich war.«[30] Allerdings räumt sie ein, dass es auch Phasen der Beschwernis gegeben hat. Sie habe aber nicht darunter gelitten, deswegen keine Freunde gehabt zu haben.

Anfang der 1950er-Jahre in der Uckermark besucht noch die Mehrheit einer Klasse die Christenlehre, und auch in den 1960er-Jahren ist Angela Merkel bei Weitem nicht die Einzige.

Rund ein Drittel der Schüler in ihrer Klasse besuchen die Christenlehre. Ende der 60er sei die Situation schon dramatischer gewesen. Da habe sein Sohn, so berichtet ein Gemeindeglied, allein vor der ganzen Klasse aufstehen müssen, da er noch zu den »Rückwärtsgewandten« gehört habe.

Angela Merkel besucht von 1960 bis 1966 die religiöse Unterweisung. Ab der sechsten Klasse löst der Konfirmandenunterricht die Christenlehre ab. Dieser findet dann zweimal in der Woche statt und wird von einem Pfarrer gegeben. Die Statistik für die DDR insgesamt weist einen starken Rückgang der Teilnehmerzahlen bei der Christenlehre bis 1960 auf, doch dann stabilisiert sich die Entwicklung auf ungefähr 30 Prozent. Der Tiefpunkt in der gesamten DDR wird 1975 mit knapp 20 Prozent erreicht. Vielleicht ist Christenlehre in der Kindheit und Jugend von Angela Merkel schon Minderheitenprogramm, aber es wird noch eine starke Minderheit gewesen sein, denn das Leben in dem evangelischen Gebiet um Berlin ist noch nicht so sehr entkirchlicht wie am Ende der DDR. Justus Schwer schätzt, dass in seiner Klasse von 36 Schülern sogar 22 zur Christenlehre-Gruppe im Gemeindehaus neben der Kirche gehörten.

Es ist kein weiter Weg von der Goetheschule, die Justus Schwer und Merkel besuchen, bis zur Kirche in der Martin-Luther-Straße, nur wenige hundert Meter, die die Gruppen meist gemeinsam gehen. Es wird ein vertrauter Weg gewesen sein. Schwer ist eine Klasse unter Merkel und mit ihrem Bruder befreundet. Kirche ist noch Normalität in der Kindheit und Jugend von Angela Merkel, eine Normalität mit Hindernissen, aber doch noch eine Art Selbstverständlichkeit. Das ändert sich mit zunehmendem Alter. Die Entscheidungen, die als Heranwachsende anfallen, sind dann schon politischer und kontroverser, auch folgenreicher.

Konfirmation oder Jugendweihe, Junge Gemeinde oder Freie Deutsche Jugend (FDJ) – das eine schließt das andere nicht unbedingt aus. Anhand dieser Alternativen kann jeder Christ in der DDR seinen Weg zwischen Repression und Anpassung beschreiben. So auch Angela Merkel. Doch vor diesem Sich-Entscheiden steht eben jene frühe Prägung, die noch fast volkskirchlich zu nennen ist, die zwar von der Diktatur, aber noch nicht so stark von einer säkularisierten Umgebung beeinflusst ist. »Ich erinnere mich noch, dass in meiner Klasse in der Erweiterten Oberschule von 28 Schülern 13 oder 14 keine Jugendweihe hatten. Alle waren konfirmiert worden. Und es gab noch ein paar, die beides hatten: Konfirmation und Jugendweihe. Es gab in der Schule viele Gleichgesinnte.«[31]

Das Christ-Sein von Angela Merkel entwickelt sich dann gerade in dieser Spannung von Anfeindung und eigener Stärke. Das Selbstbewusstsein des Elternhauses lässt bei ihr keinen politisch motivierten Glaubenszweifel zu. Sie entscheidet sich für die Konfirmation und für die FDJ, aber gegen die Jugendweihe. Die FDJ-Mitgliedschaft in Kombination mit ihren schulischen Leistungen ermöglicht ihr den Gang zur Erweiterten Oberschule, die sie mit dem Abitur abschließt, und somit das Studium. Eine der größten Sorgen der Eltern ist, dass ihre Kinder nicht würden studieren können, obwohl sie die Neigung und Befähigung dazu hätten. Deswegen stimmen sie, im Gegensatz zu vielen anderen Pfarr-Elternhäusern, der FDJ-Mitgliedschaft zu. Für den Sohn Marcus genehmigen sie sogar die Jugendweihe, was Pfarrer Kasner jedoch innerkirchlich Probleme bereitet.

Merkels Beitrag im *Bayerischen Sonntagsblatt* klingt fast wie ein persönliches Glaubensbekenntnis, das das Wechselspiel von Umgebung und innerer Überzeugung in überraschend offener Weise beschreibt: »Seit meiner Jugend wusste ich also, dass ich durch mein Bekenntnis zu Gott und seiner Kirche einem inneren Kompass folgte, der vom Staat und der Mehrheit der Bevölkerung als Richtungsweiser abgelehnt wurde. Es war auch nicht immer einfach, zu seinem Christ-Sein zu stehen.«[32] Der Glaube habe sie gelehrt, dass es richtig sein kann, gegen den Strom zu schwimmen.

Heute führen manche Templiner Angela Merkel als Beispiel dafür an, dass es in der DDR gar nicht so schlimm gewesen sei mit der Unterdrückung der Kirchen und der Gläubigen. Schließlich sei die jetzige Bundeskanzlerin Tochter eines Pfarrers gewesen und habe trotzdem zur Erweiterten Oberschule gehen können, das Abitur machen und studieren dürfen. Und das, obwohl sie noch nicht mal an der Jugendweihe teilgenommen habe.

So etwas ärgert den früheren Lehrer und Schulleiter Hans-Ulrich Beeskow noch immer.[33] Er sitzt für die CDU im Templiner Stadtrat. Er hat Angela Merkel im »Club junger Mathematiker« unterrichtet, das war die Elite-Förderung an der Goetheschule in Templin. Die herausragenden Leistungen seiner damaligen Schülerin hat er inzwischen Journalisten aus aller Welt angepriesen. Beeskow wohnt in der Villa »Frohsinn« auf dem Weg von der Innenstadt zum Waldhof. Mit der Familie Kasner und auch mit dem Leiter der Behinderteneinrichtung habe man sich gut verstanden.

Nur in Templin gibt es immer noch keine rechte Merkel-Begeisterung. Das liegt an vielem, auch daran, dass sie ihre offizielle politische Heimat in Mecklenburg-Vorpommern hat. Für Rügen sitzt sie im Bundestag, nicht für Templin. Auch Hans-Ulrich Beeskow wird jetzt im Nachhinein gerne benutzt, um die Diktatur reinzuwaschen. Er gehört der Evangelisch

Freikirchlichen Gemeinde von Templin an, die auf das Gründungsjahr 1848 datiert. Er habe doch Mathelehrer werden können, wird ihm nun von dem einen oder anderen Geschichtsfälscher entgegengehalten.

Anfang 1989 wird es ihm und seiner Frau mit der Schikane zu viel. »Wir haben überlegt zu kündigen«, sagt er. Die verpflichtenden Parteilehrgänge – auch für Nichtmitglieder – mit der erzwungenen Phrasendrescherei schlagen den beiden aufs Gemüt. »Als wir am heiligen Ostersonntag zusammensaßen, um die Vorbereitungen für die Parteischulung zu machen, wussten wir, dass es so nicht weitergeht.« Im Waldhof hätten sie Unterschlupf finden und in den unterschiedlichen Einrichtungen arbeiten können. Doch bevor sie ihren Entschluss umsetzen können, kommt das Ende der DDR.

Der schlechte Staat und das schöne Leben

Über ihre Kindheit und Jugend sagt Angela Merkel einmal: »Ich bin in einem schlechten Staat, aber in einer wunderbaren Landschaft aufgewachsen.«[34] Vielleicht steckt in diesem Satz aber noch mehr. Die Schlechtigkeit des Staates steht für sie außer Frage, aber auch, dass dieser Staat ihr Leben nicht zerstören sollte. Das ist auch die Devise, die ihr Vater mitgibt. Ein Zickzackkurs.

Ein Gedicht von Christian Morgenstern spielt dabei eine besondere Rolle: »Es sitzen Möpse gern auf Mauerecken, – die sich ins Straßenbild hinaus erstrecken, – um von solchen vorteilhaften Posten – die bunte Welt gemächlich auszukosten. – O Mensch, lieg vor dir selber auf der Lauer, – sonst bist du auch ein Mops nur auf der Mauer.« Kaum vorstellbar, dass aus diesen Versen ein Politikum wird. Und doch sorgen sie für den einzigen kleinen Skandal, den Merkel in der DDR mit-verursacht. Mehr als ein Schülerstreich, aber auch keine Protestaktion.

Kurz vor dem Abitur muss die Klasse eine Kulturstunde vorbereiten, zunächst wollen die Schüler der Erweiterten Oberschule sich weigern, dann, auf gutes Zureden von Merkels Vater, Horst Kasner, wird doch noch etwas vorbereitet. Das besagte Gedicht wird aufgesagt, die »Internationale« ange-stimmt – aber in der Sprache des Klassenfeindes, auf Englisch. Schließlich wird für die »Frelimo« Geld gesammelt, einer mar-xistischen Befreiungsbewegung in Mosambik, die aber keiner kennt. Gefordert ist hingegen eine Solidaritätsbekundung für die vietnamesischen Genossen. Das Ganze ist also als Satire angelegt, entsprechend verärgert reagiert die Schulleitung. Zwei Dinge sind dann in der Folge beachtlich. Angela Merkel soll als Pfarrerstochter der Anstiftung überführt werden. Doch die Klassengemeinschaft steht geschlossen zu der Tat. Das Zweite: Um Schlimmeres zu verhindern, etwa den Verlust des Studienplatzes, muss sich Vater Kasner an höhere kirchliche Stellen wenden. Zunächst spricht er mit seinem Bischof Alb-recht Schönherr, dieser leitet die Angelegenheit ans Zentralko-mitee der SED weiter. Am Ende muss Angela Merkel mit einer Bittschrift im Gepäck nach Berlin reisen und diese dem dama-ligen Konsistorialrat Manfred Stolpe, später nach der Wende SPD-Ministerpräsident in Brandenburg, überreichen. Die Schüler erhalten einen Verweis, aber schwerer wiegende Kon-sequenzen bleiben aus.[35]

Angela Merkel ist angepasst und unangepasst gleichzeitig. Das belegen verschiedene Begebenheiten. Sie ist gerne in der FDJ, wie sie einmal erzählt. Sie habe dort Geselligkeit gesucht.

Später, in der Berliner Zeit, organisiert sie als Funktionärin sogar Veranstaltungen, doch nach allem, was man weiß, sind diese entweder harmlos erbaulich oder teilweise sogar eher kritisch. Sie hört Biermann-Kassetten und verehrt den Dissidenten und Autoren Rainer Kunze, doch als ein geflohener Freund ihr aus West-Berlin schreiben will, bittet sie ihn, das besser zu unterlassen. Die West-Post könne ihr Schwierigkeiten bereiten. Sie besucht die Evangelische Studentengemeinde in Leipzig regelmäßig, doch als gefragt wird, ob sie Vertrauensstudentin werden wolle, lehnt sie ab. Dafür habe sie bei dem anspruchsvollen Studium keine Zeit. Ein Sowohl-als-auch prägt ihr Leben. »Es ist offenbar unheimlich schwer, heute zu verstehen und begreiflich zu machen, wie wir damals gelebt haben«, erklärt sie später diese oft geradezu fast schizophrene Situation in der Diktatur. »Wo war die Grenze des Kompromisses, die jeder selber finden musste?«, fragt sie.[36]

Auf Merkels FDJ-Mitgliedschaft und ihre Funktion als Sekretärin für Agitation und Propaganda angesprochen, beschreibt Lothar de Maizière, der letzte Ministerpräsident der DDR, das DDR-Lebensgefühl treffend: »Das kam drauf an, wie man die Position verstand. Manche haben da sicher ideologisch gearbeitet, andere haben Theaterkarten besorgt. Ich geh mal davon aus, dass es bei Angela Merkel das Letztere war. Irgendwie hat doch jeder eine Funktion abbekommen. Und wenn es nur Wandzeitungsredakteur war oder Milchgeldkassierer.«[37]

Auf der einen Seite muss sie am Ende ihres Studiums auch eine Abschlussarbeit über den Marxismus-Leninismus verfassen, gleichzeitig debattiert sie in einem privaten Gesprächskreis ihres Professors, der ebenfalls christlich orientiert ist, zu Hause in der Sofaecke die Werke des verbotenen Rudolf

Bahro. Auch die Frage, ob man sich beruflich überhaupt engagieren solle, da dies ja auch dem verhassten real existierenden Sozialismus diene, beschäftigt Angela Merkel. »Zur Zeit der Wende war ich schon froh, dass ich mich nicht habe hängen lassen.«[38]

Als Angela Merkel 1973 den Waldhof verlässt, ist sie keineswegs eine Außenseiterin. Und sie ist auch nicht ängstlich, der »Insel« den Rücken kehren zu müssen. Sie ist konfirmiert, hat zeitweise im Kirchenchor gesungen und gleichzeitig ist sie Mitglied der FDJ. Sie unternimmt Bootstouren mit ihrem Freundeskreis durch die Uckermark, ist dabei die Anführerin zumindest in logistischen Fragen. Allenfalls bei Partys in Templin soll sie zurückhaltender als ihre Altersgenossen gewesen sein. In Leipzig hingegen machte sie sich als studentische »Bardame« bekannt, da sie in der Lage ist, Kirschmost und Whisky oder Wodka zu beschaffen. Und wohl auch zu trinken.

»Ich habe mir Leipzig ausgesucht, weil ich mir dachte, ich muss mal von zu Hause weg«, erklärt sie die Wahl ihres Studienortes im Juni 2008 bei der Verleihung der Ehrendoktorwürde der Universität Leipzig, die zu ihrer Zeit noch Karl-Marx-Universität heißt. Berlin als Studienort wäre zu nah an Templin gewesen, die Versuchung hätte nahegelegen, am Wochenende nach Hause zu fahren.

Organisationstalent soll sie in den kommenden Jahren auszeichnen und ihren Freunden und Bekannten in Erinnerung bleiben, während ihres Studiums und danach in Berlin an der Akademie der Wissenschaften, wo sie promoviert wird. Die Physikalische Fakultät in Leipzig hat einen guten Ruf, Angela Merkel beschreibt ihr Studium als »schöne Zeit«. Das typische Studentenleben im engeren Sinne zwischen ausgedehntem Freizeitverhalten und dem Leistungsanspruch der Lehrenden ist nicht viel anders, als es vermutlich auch im Westen hätte sein können.

Bei der Festveranstaltung in Leipzig berichtet sie sowohl über das Pflichtprogramm als auch über die Kür. »Fangen Sie bloß nicht an, sich an die Drei als gute Note zu gewöhnen« – der Ausspruch eines ihrer Professoren greift wohl die Erziehungslinie ihrer Eltern perfekt auf. »Womit wollen Sie eigentlich denken, wenn Sie nichts im Kopf haben?«, zitiert sie einen anderen Lehrenden. Konkret bezieht sie sich dabei auf ihren Wunsch, Berechnungen nicht im Kopf ausführen zu wollen. Dieser Spruch kann auch als ihre generelle Maxime angesehen werden. Ihre früh geprägte Haltung lässt sich zusammenfassen mit dem Satz: »Gott hat uns den Kopf zum Denken gegeben, die Vernunft nicht zu benutzen, wäre unchristlich.«

Vielleicht sind die Leipziger Jahre im Nachhinein die unbeobachtetsten in Merkels Leben. Das Elternhaus ist fern, der Beruf und sein Umfeld noch nicht in Sicht. Die Stasi schaut zu, nur weiß die Studentin davon nichts. Sie versteht es, auf der DDR-Klaviatur zu spielen, zwischen FDJ und Evangelischer Studentengemeinde. Bei einer Studienreise nach Russland lernt sie ihren ersten Mann kennen, den ein Jahr älteren Physikstudenten Ulrich Merkel. 1977, mit 23 Jahren, heiratet sie ihn, die kirchliche Trauung findet auf ihr Drängen hin statt, im heimischen Templin. Vier Jahre später wird die Ehe geschieden. Sie selbst begründet die Scheidung damit, dass man aus den Zwängen der DDR heraus sich zu früh gebunden und nicht lange genug Prüfungszeit habe verstreichen lassen.

»Mein erster Mann und ich waren natürlich verliebt, wir gingen auch von einer gemeinsamen Zukunft aus. Aber in der DDR war es so, dass man die gemeinsame Wohnung und Arbeit am selben Ort eben nur bekam, wenn man verheiratet war. Das hat die Phase der Selbstprüfung in einer Beziehung oft abgekürzt.« Scheidungen sind in der DDR an der Tagesordnung; wie in ihrem Elternhaus darüber gedacht wird, ist nicht bekannt.

Erst kurz bevor Merkel CDU-Bundesvorsitzende wird, heiratet sie ihren langjährigen Partner und Freund, Joachim Sauer, den sie schon aus dem Studium kennt. Nach dem Scheitern der ersten Ehe sei sie vorsichtig geworden, so ihre Begründung. Die zweite Ehe schließt sie nicht kirchlich. »Ich bin auch so gut verheiratet«, sagt sie.[39]

Ihre Diplomarbeit in Physik wird 1978 mit einer Eins bewertet. Danach wechselt sie nach Berlin, um dort an einem Institut der Akademie der Wissenschaften in Adlershof zu promovieren. Ihre Dissertation reicht sie 1986 ein. Danach wechselt sie das Institut und arbeitet bis zur Wende im Bereich der Analytischen Chemie. In dieser Zeit wird sie bei der FDJ als Sekretärin für »Agitation und Propaganda« tätig. Sie selbst hat das nie bestritten, nur habe sie im Wesentlichen »Theaterkarten organisiert«. Sie habe in Berlin über wenige Kontakte verfügt, habe Anschluss gesucht, ihr Mann hingegen sei sehr häuslich gewesen. Deswegen sei sie bei der FDJ aktiver gewesen als nötig. Die FDJ sei aber eben nicht nur eine politische Veranstaltung gewesen, sondern auch Anlaufstelle für viele kulturelle Aktivitäten. »Es gab also wenige Möglichkeiten, dem auszuweichen. Aber natürlich bestand die Gefahr, das steht außer Zweifel, weiter hineingezogen zu werden, als einem lieb war.« Und sie fügt noch an: »Ich wusste schon, was ich tat.«

Alle 14 Tage am Mittwochabend geht sie zur Gethsemane-Gemeinde im Prenzlauer Berg, rückwärtig zum S-Bahnhof »Schönhauser Allee« gelegen. Sie wohnt zwei Kilometer südlich an der Grenze zum Bezirk Mitte unweit der Zionskirche, ausgerechnet in der Templiner Straße. Die Gethsemanekirche ist ihre kirchliche Heimat geworden, dort findet sie Freunde und eben jenen Mittwochskreis. Die Runde ist von berufstätigen Frauen dominiert, wie eine Teilnehmerin im Rückblick berichtet.[40] Darunter einige Geschiedene wie Angela Merkel und auch viele ohne Kinder. Im Donnerstagskreis hingegen dominieren die Familien- und Kinderthemen. Im Mittwochskreis werden Psychologie und auch private Dinge, Fragen von Partnerschaft und Beruf besprochen. Zu den Themen gehören auch politische und gesellschaftliche Fragen, ein politischer Kreis ist es indes nicht. Da gibt es andere Zirkel, die sich in der Zeit Anfang bis Mitte der 1980er-Jahre in der Gemeinde bilden, zu denen Angela Merkel nicht gehört.

Die Mittwochsleute seien die fröhlicheren gewesen: »Wir gingen nach unserer Gesprächsrunde im Gemeinderaum gerne noch in die benachbarte ‚Eselsbrücke‘ in der Greifenhagener Straße.« Die urige Kneipe gibt es noch immer. Der Mittwochskreis wird von Pfarrer Dr. Konrad Wekel geleitet, zwölf bis 20 Mitglieder hat er. Angela Merkel tut sich nicht hervor, auch weiß man nicht unbedingt, wie religiös jemand in der Runde ist oder nicht. Irgendwann spricht sich unter den Pfarrern herum, dass sie die Tochter von Horst Kasner ist, den kannten die Theologen. Doch hauptsächlich beschreiben Zeitzeugen das Gemeindeglied als freundlich, zugewandt und kontaktfreudig. Bis heute hat Merkel freundschaftliche Kontakte aus dieser Zeit, sie wird Patentante eines Kindes, dessen Eltern auch dem Mittwochskreis angehören.

Angela Merkel gehört also in den 1980er-Jahren zumindest am Rande zum Gemeindeleben der Gethsemane-Gemeinde dazu, der Pfarrer kennt sie, sie hat Freunde und Bekannte dort. Besonders engagiert ist sie nicht. Und es sind sicher eher ihr

Glaube und die Suche nach einer Gemeinde, die sie dorthin treiben, als etwa der politische Freiraum, um aktiv zu werden. Merkel geht in dieser Zeit auch mal zu Friedensgottesdiensten oder zu Gesprächsveranstaltungen der entstehenden Oppositionsbewegung. Doch mehr, um ihre Solidarität zu bekunden und ihre Gegnerschaft zum System auszudrücken, weniger, weil sie sich selbst einbringen will.

Widerstandskämpferin sei sie nie gewesen, das hat sie immer betont. »Manchmal bin ich zu den Friedensmessen von Rainer Eppelmann gegangen, der Pfarrer in der Samariter-Kirche war. Ich bin hingegangen, weil ich fand, dass es ein Zeichen gegen die DDR war, aber es war nicht meine politische Welt; auch nicht die Anti-Atom-Bewegung oder die ‚Schwerter zu Pflugscharen'. Wenn ich dennoch dort auftauchte, dann um zu zeigen, dass ich auch gegen die DDR bin.«[41]

In der Zeit in der Akademie wird sie von einem damaligen Freund für die Stasi ausspioniert. In ihrer Akte heißt es: »Sie hatte auch Kontakte zu Kreisen aus dem Prenzlauer Berg, die wenig mit der Politik unseres Staates gemeinsam haben, sowie zu jungen Künstlern und Mitgliedern der evangelischen Kirche.«[42] Sie selbst sagt, sie sei bei einigen Veranstaltungen der Bürgerbewegung dabei gewesen, doch sie habe nicht in »dieses Milieu« gepasst. Auch die »basisdemokratische Diskussionsweise« sei nicht ihre Sache gewesen. Sie sei nicht derart pazifistisch gewesen, wie in den Kreisen diskutiert wurde.[43]

Angela Merkel wird als »Novemberrevolutionärin« bezeichnet, weil sie sich in den Monaten vor dem Fall der Mauer nicht engagiert. Sie demonstriert nicht gegen den Staat, als es noch gefährlich ist. Erst nach dem 9. November 1989, als alles auseinanderzubrechen scheint, entscheidet sie sich für das politische Engagement.

Zunächst aber geht sie in die Sauna. »Ich habe Günther Schabowski im Fernsehen gesehen und dann meine Mutter angerufen. Wir hatten zu Hause immer den Spruch: ‚Wenn die Mauer mal weg ist, gehen wir ins Kempinski Austern essen.‘ Ich habe ihr gesagt, es sei jetzt so weit. Dann bin ich wie jede Woche in die Sauna gegangen.«[44] Es ist gar nicht klar, dass die Grenzen sich sofort öffnen würden, deswegen durchbricht Merkel auch ihren gewohnten Rhythmus nicht. Sie ist mit einer Freundin in der Sauna verabredet, danach gegen 21 Uhr gehen sie allerdings nicht wie sonst noch ein Bier trinken, sondern rüber in den Westen.

Andere, wie ihr späterer politischer Weggefährte Rainer Eppelmann, schauen sofort an der Mauer nach. Eppelmann steht am Übergang Bornholmer Straße, der als erster geöffnet wird. Auch durch das Einschreiten des evangelischen Pfarrers gibt es keine Gewalt beim Ansturm auf die Grenzposten. Die Wachen dort resignieren irgendwann, geben dem Druck der Massen nach und öffnen die Schlagbäume. Angela Merkel spaziert etwas später hinterher, als die große Menge schon am Ku'damm bummelt. Das Austernessen im Hotel Kempinski hat übrigens angeblich immer noch nicht stattgefunden. Es sei ein Symbol gewesen, so Merkel.

Plötzlich beschleunigt sich die Zeit. Die Tage, Wochen und Monate im November und Dezember 1989, das Jahr 1990 scheuchen das SED-Regime davon, bringen im weiteren Verlauf den Staat DDR zu Fall und die Wiedervereinigung der beiden deutschen Staaten. Angela Merkel rutscht in diesen Strudel. Ein Jahr nach dem Mauerfall ist sie schon stellvertretende Regierungssprecherin der Regierung de Maizière, kandidiert für den Deutschen Bundestag und ist kurz davor, Ministerin im Kabinett Kohl in Bonn zu werden.

Im November/Dezember 1989 begibt sie sich zunächst mit dem Instituts-Chef der Akademie, Klaus Ulbricht, auf »Parteiensuche«, wie sie es selbst nennt. Zunächst landen sie bei den Sozialdemokraten, dort gefällt es ihr nicht, weil sich alle mit »Du« ansprechen und auch die Bezeichnung »Genosse« noch üblich ist. Ihr Freund Ulbricht bleibt.

Merkel kommt dann zum »Demokratischen Aufbruch« (DA), der unter anderen von Pfarrer Eppelmann, Pfarrer Friedrich Schorlemmer und Pfarrer Ehrhart Neubert gegründet wurde. Ulbricht steigt bei der SDP (später SPD) auf und wird Bürgermeister in Treptow-Köpenick. Sie macht Karriere beim DA. Ihr habe es gefallen, dass dort die politischen Positionen noch nicht so festgelegt gewesen seien. Etwas chaotisch sei es zugegangen. Gerd Langguth stellt fest, dass sie erst kurz vor Weihnachten, »zu einem relativ gefahrlosen Zeitpunkt«, dazugestoßen sei. Bei der eigentlichen Revolution ist sie in der Tat nicht dabei, als sich die Parteien noch unter erheblichem Widerstand der dahinsiechenden Staatsmacht gründen.[45]

Zunächst geht es auch beim Demokratischen Aufbruch noch um eine Reform des Sozialismus, um einen »Dritten Weg« zwischen Kapitalismus und Kommunismus. Eppelmann und der erste Vorsitzende, Wolfgang Schnur, setzen auf die Wiedervereinigung, auf Helmut Kohl und die Union. Es gibt heftige Streitereien um den Kurs. Anfang Januar verlässt Friedrich Schorlemmer die Partei und geht zur SPD. Der Demokratische Aufbruch nähert sich dann bis zur ersten freien Volkskammerwahl am 18. März 1990 der Position der westdeutschen CDU an und geht schließlich das Bündnis in der »Allianz für Deutschland« mit DSU und CDU ein.

Wie offen Merkel bei der »Parteiensuche« ist, ist fraglich. Für sie ist wohl relativ früh die Anbindung an den Westen und die Wiedervereinigung das realistische Ziel. Die »egalitären« Positionen bei den Sozialdemokraten gefallen ihr nicht, andere Parteien außer den DA schaut sie sich nicht mehr an. Sie will bei etwas Neuem dabei sein und auf keinen Fall zur Ost-CDU gehen. Aber Ende Dezember 1989 zeichnet sich schon ab, dass der DA sich im liberal-konservativen Spektrum ansiedeln würde.

Beim DA sind viele Intellektuelle, wie Merkel ihre Anfänge dort beschreibt. Es gibt etwas zu tun. Aus dem Westen kommen neue Computer, die außer ihr niemand bedienen kann. So wird sie in der neuen Parteizentrale schnell zu einem Mädchen für alles. Später macht sie der Vorsitzende Schnur zur Pressesprecherin.

»Ich bin auch an die richtigen Leute geraten, habe interessante Menschen kennengelernt, Seminare besucht«[46], erinnert sie sich. Tatsächlich kommt sie wohl nicht so ganz zufällig und unbedarft in ihr erstes politisches Wirkungsfeld. Zumindest Eppelmann kennt sie bereits aus der Samaritergemeinde. Wolfgang Schnur ist zu DDR-Zeiten Vertrauensanwalt für zahlreiche DDR-Oppositionelle, er ist Synodaler des Bundes der Evangelischen Kirche in der DDR. Der aus Stettin stammende Rechtsanwalt gehört zu dem Kreis von mehr oder weniger prominenten Kirchenleuten, die mit dem DDR-Staat in Kontakt standen, um in Konflikten zu vermitteln und Ausreisen zu organisieren. Es heißt, er sei mit Horst Kasner befreundet gewesen. Ob Angela Merkel ihn tatsächlich vorher schon gekannt hat, ist offen. Sicher ist aber, dass der DA die vielleicht evangelischste und kirchlichste unter den neuen Oppositionsparteien ist. Dass das evangelische Netzwerk Merkel bewusst nach oben hievt, scheint eher eine Verschwörungstheorie zu sein. Doch dass sie sich ein Umfeld sucht, dass ihr vertraut ist, in dem sie bestimmte Köpfe zumindest vom Namen her kennt, wo es wohl auch einen gewissen Grundkonsens von Werten und Prinzipien gibt, scheint sicher.

Wolfgang Schnur wird wenige Tage vor der Wahl 1990 als Inoffizieller Mitarbeiter des Ministeriums für Staatssicherheit enttarnt. Angela Merkel muss das Desaster als Pressesprecherin der Öffentlichkeit verkaufen. Es wird auch für sie persönlich eine unermessliche Enttäuschung gewesen sein, dass dieser Mann, der in vielfältigen Ämtern in der Kirche agiert hat, sich jetzt als Gegner erweist, als jemand, der für das System gearbeitet hat. Die enge Zusammenarbeit von Teilen der offiziellen Kirche mit dem DDR-Staatsapparat, für die unter anderem auch die Namen Manfred Stolpe, Lothar de Maizière und auch Horst Kasner stehen, genügt den moralischen Ansprüchen der Wendezeit nicht. Stolpe und de Maizière werden Verbindungen zur Staatssicherheit angelastet.

Für Angela Merkel aber mag diese Erfahrung ein weiterer Grund dafür sein, dass sie bei einer zu engen Verquickung von Kirche und Staat lange äußerst skeptisch war. Zumal die Kirche dann mit dem Glauben weniger zu tun hat als mit dem Interessenausgleich von Institutionen. Vielleicht auch deswegen spricht sie lange nicht über ihren Glauben im Zusammenhang mit ihrem Start in ein politisches Engagement.

Im politischen Alltag der Bundeskanzlerin ist dann auch ihre eigene Lebensgeschichte weit weg und das Aufwachsen in der DDR nur Geschichte. Ein ganz privates Ereignis bricht am 2. September 2011 in das politische Tagesgeschäft ein und holt die Vergangenheit zurück ins Bewusstsein. Mitten in der Eurokrise und zwei Tage vor der Landtagswahl in Mecklenburg-Vorpommern stirbt ihr Vater Horst Kasner im Alter von 85 Jahren. Merkel sagt daraufhin alle politischen Termine ab.

Der evangelische Pfarrer wollte keine öffentliche Figur sein, zumindest nicht nur in der Ableitung seiner Vaterrolle. Wenn man ihn anrief, gab es schnell ein anregendes Gespräch. Bei der Bitte um ein Interview kam die Antwort: »Die Medien interessieren sich doch nur für mich wegen meiner Tochter.« Dabei hatte Horst Kasner durchaus mehr zu bieten. Der unentdeckte Kasner ist der Pfarrer, der Prediger, der Pädagoge und Glaubensvermittler. Er engagierte sich für die Jugendarbeit in Templin und bot noch über achtzigjährig einen Kurs an der Volkshochschule an. Thema: Geschichte begreifen. Die kleine Dorfkirche Alt Placht erweckte er gemeinsam mit anderen wieder zum Leben. Hier hat er noch im hohen Alter junge großstädtische Leute aus Berlin auf die kirchliche Trauung vorbereitet; kleine Bibelstunden inklusive. Glaube und Wissen gehörten bei ihm, der in der DDR als »roter Kasner« bezeichnet wurde, zusammen. Für den Glauben werben, das tat er.

Das erklärte im Herbst 2010 sogar seine Tochter während einer CDU-Fraktionssitzung im Bundestag. Sie reagierte damit auf resignierte Einwürfe, Mission sei zwecklos, das Christentum auf dem Rückzug. Empört war die Kanzlerin und CDU-Chefin da. Selbstverständlich müsse man für seinen Glauben einstehen, so die Pfarrerstochter in ungewohnt kämpferischem Ton. »Schauen sie sich mal an, was mein Vater im Osten macht.« Für den Glauben werben? Horst Kasner ließ sich nicht einspannen, blieb der Widerborstige. In einem Brief nach der Episode in der Fraktion schreibt er: »Der Glaube bedarf keiner ‚Fürsprecher‘, er spricht für sich selbst.« Diese Grundmentalität hat Angela Merkel lange geteilt. Nach dem Tod des Vaters ändert sich das vielleicht etwas.

In der säkularisierten Gesellschaft reicht die Zurückhaltung nicht mehr, scheint ihr zunehmend klar zu werden. Bei ihrem

Talkshow-Auftritt mit Günther Jauch am Sonntag nach dem Papstbesuch hat sie erklärt: »Mir hilft, dass ich Christ bin. Dass es Gott gibt, das ist für mich sehr wichtig, um die Dinge auch immer wieder einzuordnen.« Es häufen sich ihre Bekenntnistermine. Kein Kirchentag und kein Katholikentag mehr ohne die Kanzlerin. Sie besucht die Friedenstreffen der katholischen Gemeinschaft Sant' Egidio. Bei solchen Anlässen lobt sie die Bedeutung der Religionen für den Frieden in der Welt und lobt das Engagement der Christen.

»Zusammenhalt« wird zu einer ihrer beliebten Vokabeln. Schon im Wahlkampf 2009 ließ sie das Wort plakatieren. Was ist, wenn in einer Gesellschaft die Probleme gelöst sind, aber dieselbe sich aufzulösen beginnt? Ausgerechnet bei der Jahrestagung der »Leopoldina«, der naturwissenschaftlich dominierten »Nationalen Akademie der Wissenschaften« im September 2011, als zeitgleich der Papst gerade im Eichsfeld eine Marienvesper hält, schlägt die Physikerin Merkel ungewohnte Töne an. »Was ist das Leben«, ist die Konferenz überschrieben, vor allem biologische Vorträge sind angesetzt. Und die Kanzlerin zitiert den jüdischen Theologen Martin Buber: »Alles wirkliche Leben ist Begegnung«, sagt Merkel. »Diese Formulierung zielt darauf, dass jeder Mensch ein Gegenüber benötigt. Das Ich braucht ein Du. Verständnis und Erkenntnis sind immer erst möglich durch ein Offensein füreinander, durch gemeinsame Suche nach Antworten. Das gilt für Wissenschaft und Politik gleichermaßen. Für beide sind Begegnung und Dialog der Schlüssel zu Erkenntnis und Fortschritt.«

Kapitel 2

Die unpolitische Politikerin

Aus dem Chaos heraus und mit Zufall zur Macht

Angela Merkel sagt es immer wieder: Ohne die Umstände der friedlichen Revolution und der deutschen Einheit wäre sie nicht Politikerin geworden. Wie unwahrscheinlich dieser Weg war, wie sehr er dem Chaos der Umstände und der Geschwindigkeit der Ereignisse geschuldet ist, dem spürt der Journalist Alexander Osang 2009 in einer Reportage nach.

Dabei beschreibt er ein Treffen im Elternhaus von Merkel in Templin: An einem Wochenende im September 1989 habe sich eine Gruppe von DDR-Physikern im Pastoralkolleg Templin getroffen, um über ethisch-philosophische Fragen der Naturwissenschaften zu sprechen. »Der Arbeitskreis tagte einmal im Jahr, man diskutierte hinter Kirchenmauern Probleme, die man draußen nicht wahrhaben wollte«, schreibt Osang. Das Thema des Jahres 1989 im Templiner Kolleg habe den Titel »Was ist der Mensch?« getragen. Die meisten aus der Gruppe seien Physiker geworden, weil dies ihnen die Möglichkeit geboten habe, sich dem Staat zu entziehen, ohne das Land zu verlassen. Die Mitglieder der Gruppe wollten in Ruhe gelassen werden und dennoch etwas tun; diese Haltung scheint charakteristisch eben auch für Merkel zu sein. Doch diese Art der inneren Emigration funktionierte nicht mehr.

Alexander Osang schreibt: »Das Land, in dem sie lebten, zerfiel vor ihren Augen, Zehntausende flüchteten in den Westen, die Parteiführung verharrte im Schock, sie schien gefährlich und angeschlagen. Jetzt, da es zum ersten Mal die Chance gab, wirklich mitzumachen, stellte sich die Frage, was sie denn sein wollten, wenn sie nicht mehr Physiker sein mussten, in einem Staat, dem man sich nicht mehr entziehen musste, womöglich nicht mehr entziehen durfte. Einige der Wissenschaftler am Tisch hatten sich bereits entschieden. Hans-Jürgen Fischbeck, Physiker an der Akademie der Wissenschaften in Berlin, hatte gerade mit ein paar Freunden Demokratie Jetzt gegründet; Günter Nooke, Physiker aus Forst, würde in sieben Tagen mit 16 Gleichgesinnten in einer Altbauwohnung in Berlin-Mitte den Demokratischen Aufbruch gründen. Die Physiker befanden sich an diesem Wochenende auf dem Sprung in die Politik, sie landeten später in kleineren und größeren Parlamenten, aus denen sie sich inzwischen fast alle wieder zurückgezogen haben. Diejenige am Tisch aber, die damals schwieg, ist heute Bundeskanzlerin.«[47]

Angela Merkel kann sich an diese Begebenheit nicht erinnern, meint aber, so könne es gewesen sein. Zumal bei ihr zu Hause immer viel los gewesen sei. Sie will ihre damalige Haltung nicht als unpolitisch verstanden wissen. Vielmehr erklärt sie, das Widerständige gegen das ungeliebte System an sich sei schon politischer gewesen als das normale Leben im Westen. Der Journalist Osang nennt sie »die Schläferin«, die dann nach dem Umbruch 1989 zur Politikerin erwacht sei.

In den Jahren vor der Wende bietet die evangelische Kirche oppositionellen Gruppen Unterschlupf, dadurch wird ihr Erstarken möglich. In den verschiedenen Friedenskreisen steht nicht der persönliche Glaube im Mittelpunkt, sondern Politik. Merkel aber fremdelt immer wieder mit diesen Zirkeln. »Zu theoretisch sei es ihr da oft zugegangen, zu viel Gerede«, sagt ein Weggefährte. Sie habe das Gefühl, in diesen Nischen spiele nicht wirklich die Musik, zu selbstgefällig und unbedeutend und unwichtig seien diese evangelischen Teerunden in Berliner Hinterhäusern. Dann habe sie doch lieber Kulturabende für die FDJ organisiert, das sei zwar ein Drahtseilakt gewesen, aber immerhin das.

Angela Merkel ist auch schon in der DDR zu sehr Tatmensch, als dass sie sich mit der Kirchenecke abfinden will. Sie ist schon damals nicht diejenige, die Politik im Wesentlich für eine Sache des Diskurses hält. Politik ist nicht Diskutieren in Gemeinschaft und die Selbstvergewisserung einer Gleichgesinntentruppe. Sie identifiziert Politik mit Problemlösen. Sie kann auch nicht ahnen, dass die friedliche Revolution tatsächlich glücken würde.

Ähnlich geht es ihr dann auch mit den kirchlichen Kreisen in der Politik im Westen. Es ist wohl wie mit der Jungen Union, den CDU-Frauen, dem innerparteilichen Verbandswesen, das für die Partei wichtig ist, aber für eine Zugezogene doch auch befremdlich wirkt, in gewissem Maße auch hermetisch.

Angela Merkel steigt in die Partei von oben ein, von ganz oben. Sie wird 1990 Ministerin, 1991 stellvertretende Parteivorsitzende. Ihr machtpolitisches Problem ist, dass sie keine sogenannte Hausmacht hat. Das heißt, sie kommt nicht aus einem Landesverband, der sie stützt, wenn es mal brenzlig wird. Keine Gruppierung oder Fraktion in der Partei sagt von sich aus, das ist »unsere«. Als sie in der Union anfängt, hat sie vor allem Helmut Kohl hinter sich. Das reicht auf die Dauer nicht. Und das weiß sie, obwohl der Spendenskandal zu diesem Zeitpunkt noch nicht in Sicht ist.

Sie scheitert 1991 mit dem Versuch, Landesvorsitzende von Brandenburg zu werden. Daraus lernt sie viel. Der Evangelische Arbeitskreis (EAK) in der CDU ist gewiss nicht so bedeutend wie ein Landesverband, doch er ist eine anerkannte Größe. 1992 übernimmt sie den Vorsitz dieser Gruppierung. Damit gibt sie das deutliche Signal, sich als politische Protestantin einordnen lassen zu wollen. Doch schon nach einem Jahr bittet sie darum, von der Aufgabe entbunden zu werden. »Zu abgehoben« sei ihr das, soll sie bilanziert haben, berichtet ein damaliger Vertrauter. Der konkrete Anlass für den Rückzug war die Übernahme einer tatsächlichen Hausmacht. Sie wird Landesvorsitzende in Mecklenburg-Vorpommern. Das reiche ihr an Arbeit, begründet sie den Rückzug beim EAK in einem Interview.

Sie bleibt der parteiinternen Gruppierung verbunden, hält Festreden und lobt deren Arbeit. Aber sie fremdelt weiterhin mit dem politisch organisierten Protestantismus. Etwas von dieser Distanz wird in einem Absatz deutlich, der sich in ihrer Rede zum 40-jährigen Bestehen des EAK aus dem Jahre 2003 findet: »Ich gehöre nicht zu denen, die sicher zu glauben wissen, was ,christliche Politik' ist. Mein Glaube kann mir Orientierung geben. Er offenbart mir die christliche Botschaft vom Sinn des Lebens und gibt mir dadurch Hoffnung und Ermutigung. Er gibt mir aber auch den Zweifel an mir selbst und die Demut vor Gott. Ich wünsche mir deshalb eine starke evangelische Kirche, die die Handelnden in ihrem Gewissen vor Gott und den Menschen kräftigt, die ihnen hilft, Entscheidungen zu finden.«[48]

Das öffentliche Bekenntnis, die Kirchen und ihre Positionen sowie die eigene politische Überzeugung, das ist ungefähr das Bermudadreieck, in das sich ein christlicher Politiker begibt, wenn er sich als solcher bezeichnet und angesehen werden will. Für katholische Christen ergibt sich daraus noch einmal eine besonders schwierige Lage, da es mit dem Papst eine lehramtliche Autorität gibt, die in bestimmten Fragen ganz genau weiß, was richtig und falsch ist – auch in der Politik.

Als evangelischer Christ ist die Situation eine andere, dort herrscht eine größere Pluralität an Meinungen. Als Protestant in der CDU gibt es Probleme, denn diese evangelische Sicht fällt in der katholisch geprägten Union manchmal unter den Tisch. Aus dieser Lage heraus hat sich der EAK gegründet. Für Angela Merkel sind derlei alt-bundesrepublikanische Stellungskriege überholt. Wie geht Kirche mit der Politik um, wie verhalten sich Politiker zu ihren Kirchen? Und was hat das alles mit dem Glauben zu tun? Das sind die Fragen, die wohl einer Neubestimmung harren und die Angela Merkel auf jeden Fall anders beantwortet, als es ehedem üblich war. Mit starkem Glauben – und »in lutherischer Tradition mit gewisser Autoritätskritik«, so hat sie es selbst beschrieben, so möchte sie es gerne sehen.[49]

Am 18. Januar 1991 wird Angela Merkel als Bundesministerin für Frauen und Jugend vereidigt.

Die friedliche Revolution hat Lebenswege möglich gemacht, die schwindelerregend sind. Bekannte und Wegbegleiter hätten sie eher bei den Grünen oder den Sozialdemokraten gesehen. Ihr Outfit mit Wickelrock und Jesuslatschen hätte das noch bis zur Wiedervereinigung nahegelegt, lästert ein ehemaliger Förderer. Merkel aber wird stellvertretende Pressesprecherin der Regierung von Lothar de Maizière.

Der Demokratische Aufbruch konnte noch als bürgerbe-
wegtes Feigenblatt der »Allianz für Deutschland« und damit der
neuen gesamtdeutschen CDU gelten, die sich mit der Ost-
CDU vereinigt hatte und dadurch bis heute mit der Geschichte
der sogenannten Blockflöten, so wurden nach der Wende die
Mitglieder der sogenannten Blockparteien in der DDR genannt,
zu kämpfen hat. Die Ost-CDU war auch zusammen mit anderen Parteien unter dem SED-Regime zugelassen, um in der
Diktatur pluralistische Demokratie zum Schein vorzuspielen.

Angela Merkel kommt vom Demokratischen Aufbruch
und ist für Lothar de Maizière und später auch Helmut Kohl
auch deswegen eine willkommene Auflockerung in der sonst
von »Blockflöten« beherrschten Szene. Doch eigene politische
Positionen zu den vielfältigen Fragen der deutschen Politik
bringt Angela Merkel 1990 nicht unbedingt mit. Sie hat das
westdeutsche Geschehen am Fernsehen verfolgt. Vielen Westdeutschen war nicht klar, dass die Ostdeutschen durch das
Westfernsehen jenseits der Mauer nahezu genauso, wenn nicht
besser, über den Westen informiert waren wie sie selbst.

Eine gewisse Skepsis gegenüber Helmut Kohl habe sie zu
DDR-Zeiten gehabt, gibt Merkel später zu. Sie führe das auch
auf die mediale Vermittlung des oft bespotteten Kanzlers
zurück. Bestimmt aber kommt sie nicht schon als ausgemachte
Konservative zur Union, gewiss auch noch nicht als erklärte
christliche Politikerin.

Nach der Selbstauflösung der DDR am 3. Oktober 1990
verliert Merkel ihren Job als Regierungssprecherin und wird
zunächst Mitarbeiterin des Bundespresseamtes. Im Wahlkreis
Rügen bewirbt sie sich bei der ersten gesamtdeutschen Bundestagswahl im Dezember 1990 um ein Mandat und erlangt
erstaunliche 48,5 Prozent. Der direkt gewonnene Wahlkreis ist

bis heute ihre stabilste Machtbasis. Angela Merkel, noch ein Jahr zuvor 36-jährige, geschiedene Physikerin ohne Perspektive, ist jetzt Abgeordnete des ersten gesamtdeutschen Parlaments in Bonn.

Nur einen Monat später regiert sie auch noch das Land mit, am Kabinettstisch Kohls. Anfangs habe sie sich gar nicht im Fernsehen anschauen können, sie habe immer lachen müssen, wenn sie sich neben den wichtigen Menschen gesehen habe, vertraut sie 1991 Herlinde Koelbl an. Sie wird als das »Mädchen« von Kohl geschmäht, als Quotenfrau und Ossi-Dummerchen abgestempelt. Wie sehr sie unter dem schnellen Abstempeln auch durch die Journalisten gelitten hat, erzählt sie später.

Gewiss ist ihr Gewicht im Bonner Zirkus noch nicht groß im ersten Jahr, gewiss ist sie auch noch sehr unerfahren. Und doch: Im Nachhinein müssen ihre Ministerjahre als ahnungsvolle Vorboten ihrer künftigen Karriere gelesen werden. Als Frauen- und Jugendministerin bearbeitet sie Familienthemen, die heute wieder ihre eigene Kanzlerschaft prägen. Und die Abtreibungsfrage, die sie gleich im ersten Jahr schon berührt, kann als ein Auftakt gesehen werden in den Debatten über den Schutz des Lebens am Anfang und Ende, in der Forschungspolitik und der Fortpflanzungsmedizin. Diskussionen um Gentechnik und Sterbehilfe bestimmen die Jahre.

Bis hin zu der Debatte um die embryonale Stammzellforschung, in die sie als Kanzlerin an jenem Dezemberabend 2007 beim Parteitag in Hannover eingreift, mit kräftigerer Stimme, als es damals die Jugendministerin in der Paragraf-218-Debatte getan hat, aber doch vielleicht mit der gleichen abwägenden Art.

Das Feuerwerk, das Ursula von der Leyen in der Familienpolitik nach der Regierungsübernahme der großen Koalition

2005 zündet, bedeutet für Teile der katholischen Kirche und auch in der Union einen Kulturschock. Für Angela Merkel indes ist das Thema Kinderbetreuung und Vereinbarkeit von Familie und Beruf nicht neu. Bereits in der Diskussion um den Abtreibungsparagrafen Anfang der 1990er-Jahre kämpft sie als Bundesministerin für einen Rechtsanspruch auf einen Kindergartenplatz. »Besonders wichtig für mich als Jugendministerin ist natürlich der Ausbau der Kindergartenbetreuung«, sagt sie am 26. September 1991 im Parlament. Die Kohl-Regierung beschließt schließlich den Rechtsanspruch für Kinder ab drei Jahren. Dass das noch nicht ausreiche, sagt Merkel schon damals. Sie sorgt dafür, dass sich die familienpolitische Programmatik der CDU Anfang des Jahrtausends klar verändert.

Die katholische Kirche kritisiert vor allem die Schwächung des Instituts der Ehe, auch wenn Angela Merkel die sozialdemokratische Formel »Familie ist da, wo Kinder sind« nicht eins zu eins übernimmt. Dennoch heißt in der Union im Grundsatzprogramm von 2007 nun: »Familie ist, wo Eltern für Kinder und Kinder für Eltern dauerhaft Verantwortung tragen.« Einigen halten dies für eine windelweiche Formulierung, die mehr oder weniger alles zulasse. Auf jeden Fall ist nicht mehr von der Ehe die Rede. Die Ehe aber ist grundgesetzlich geschützt, deswegen beteuert auch die Union ihren Wert. Merkel aber forciert die Ausrichtung der Union auch auf Kinder. Das sogenannte Familiensplitting im Steuerrecht wird gefordert, dabei bleibt dann, aus verfassungsrechtlichen Gründen, ein Abstand zum Ehegattensplitting erhalten. Dass die Ehe aber auch ohne Kinder einen Wert an sich darstellt, diese Auffassung ist in der Gesellschaft nicht mehr ganz so stark verbreitet, in der Union nicht, und auch Merkel vertritt sie nicht offensiv.

Die inhaltliche Neuaufstellung der Union, sagen einige, würde ihren Charakter ändern. Zumindest in einem Politikfeld ändert Merkel die bisherige Positionierung in eine Richtung, die kirchlichen Forderungen entgegenkommt. Die Union versöhnt sich mit der Situation der Zuwanderung in Deutschland. Die große Koalition unter Merkels Führung setzt mit dem Integrationsgipfel und der Islamkonferenz deutliche Zeichen in Richtung eines anderen Umgangs mit Ausländern und Menschen mit Migrationshintergrund in Deutschland. Der damalige Bundesinnenminister Wolfgang Schäuble ist dabei die Schlüsselfigur. Er, der konservativ-protestantische Kopf, befürwortet den Bau von Moscheen und erklärt, der Islam in Deutschland sei eine Realität, mit der auch die Deutschen sich anfreunden müssten. Gleichzeitig gibt es beim Nachzug von Familienangehörigen, bei Sprachanforderungen und bei der Einbürgerung striktere Regeln, die etwa bei den Grünen oder bei türkischen Verbänden für Protest sorgen. Insgesamt aber nimmt Angela Merkel einem klassischen konservativen Streitthema die Spitze. Selbst im Hessen-Wahlkampf 2008, als Roland Koch das Thema »kriminelle Ausländer« anschlägt, dringt die Polemik kaum mehr auf die Bundesebene durch. Insgesamt zieht Merkel auch in Bezug auf Rechtsradikalismus und Vergangenheitsbewältigung eine strikte Linie. Dies konnte auch der Bundestagsabgeordnete Martin Hohmann spüren, als er nach einer umstrittenen Äußerung aus Fraktion und Partei ausgeschlossen wurde. Einige meinten damals, Merkel habe übereilt gehandelt. Aber auch Ministerpräsident Günther Oettinger wurde von seiner Bundesvorsitzenden gemaßregelt, als er 2007 bei der Beerdigung von Ex-Ministerpräsident Hans Filbinger dessen NS-Vergangenheit relativierte.

Die Kanzlerin singt mit. Das lässt sich vor unterschiedlicher Kulisse immer wieder erleben. Ob beim Empfang der Sternsinger im Kanzleramt oder beim Katholikentag, selbstverständlich auch bei den Gottesdiensten der Politiker etwa zu Beginn der Parteitage. Andere müde Parteifreunde hocken da noch verschlafen in den Bänken, während die Vorsitzende schon ein Loblied anstimmt. Religiöse Lieder kennt Angela Merkel oft auswendig, und es scheint ihr ein Vergnügen zu sein, mit einzustimmen, wenn andere ihr ein Ständchen bringen. Einmal im Jahr besuchen als Heilige Drei Könige gekleidete Kinder und Jugendliche die Regierungszentrale. Die 27 katholischen Diözesen Deutschlands entsenden Delegationen, die an die Weihnachtsbotschaft erinnern und zu Spenden aufrufen. Die Tradition stammt noch aus Bonner Zeiten, im pompösen Berliner Kanzleramt wirkt der Einzug der buntgewandeten Kinder wie ein starker Kontrast zum grauen Regieren. Kanzler Gerhard Schröder hat die Sitte aufgenommen, Angela Merkel führt sie fort. Liedzettel lehnt sie regelmäßig ab, die meisten Weihnachtslieder trällert sie einfach so fröhlich mit. Die Verblüffung bei Kameraleuten und Fotografen – und den Kindern – ist perfekt, wenn die Kanzlerin sich in den Chor einreiht. Und oft kennt sie nicht nur die ersten bekannten Zeilen, sondern auch mehrere Strophen auswendig.

Im Gespräch mit Herlinde Koelbl beschreibt Angela Merkel 1991, zu einem sehr frühen Zeitpunkt ihrer politischen Karriere, noch sehr unverstellt ihren Zugang zum Glauben. Zunächst sagt sie, dass »ein Mensch nicht dadurch gläubig wird, dass er im Pfarrhaus aufwächst.«[50] Sie habe ihren Weg selbst entschieden, für diese Freiheit, die ihre Eltern ihr gegeben haben, sei sie dankbar. Ihr Credo: »Ich glaube, dass diese Welt begrenzt ist und dass über ihr etwas ist, was die Welt erst erträglich gestaltet, ob wir es nun Gott oder eine übergeordnete Größe nennen. Und dass uns dieses übergeordnete Prinzip zu bestimmten Leistungen fähig macht. Wahrscheinlich ist mein Glaube nicht gerade vorbildlich, denn ich tendiere dazu, an guten Tagen weniger zu glauben als an schlechten Tagen. Aber ich finde es beruhigend, dass es so etwas wie die Kirche gibt. Es entlastet mich und hilft mir, in meiner Begrenztheit gut zu leben. Dass der Mensch sündigen darf und ihm dies vergeben wird, ist für mich eine Erleichterung. Sonst würde man ja verrückt werden.«[51]

Schließlich beschreibt sie ihren praktischen Zugang zum Glauben: »Obwohl ich früher Physikerin war, suche ich in der Kirche nicht das Rationale, weshalb mich Predigten nicht besonders reizen. Was ich suche ist eher das Emotionale. Ich liebe es zum Beispiel, in Gottesdiensten zu singen.«[52]

In ihrer Templiner Heimatgemeinde war sie im Kinderchor. Die Kirchenmusikerin Helena Neumann hatte dort in der evangelischen St.-Maria-Magdalenen-Gemeinde Ende der 1960er Jahre einen neuen Kinder- und Vorschulchor gegründet. Wie die Gemeindechronik vermeldet, war es bisher ungekannt, dass schon Dreijährige mithilfe von Orff-Instrumenten mit Musik in Berührung kommen. Angela Merkels Geschwister Irene und Marcus haben in der Gemeinde auch Instrumente gelernt. Vor einiger Zeit in einem Fernsehinterview erzählt sie, dass sie den Chor vermisse. Heute trällere sie nur noch »beim Kartoffelschälen und beim Abwasch«. Das reiche ihr eigentlich nicht aus. »Noch mehr Spaß macht es einfach, wenn man es mit anderen zusammen macht.« Doch für Angela Merkel ist Singen nicht einfach nur Trällern, es kann auch Ausdruck ihres Glaubens sein, wie sie wiederholt erklärt hat. Im Zusammenhang mit dem Wert Tradition und mit religiöser Erziehung hat sie das einmal sehr deutlich erklärt. Zum religiösen Wissen gehöre auch eine Fähigkeit, den Glauben in den Alltag zu übersetzen. Wenn dieser Bestand an christlichem Erbe nicht gepflegt werde, werde es auch in den Familien schwer, etwa religiöse Feste in Würde zu feiern. Dazu gehören an zentraler Stelle Lieder, so die heutige Kanzlerin.

»Deshalb ist es mir so wichtig, dass wir bei aller Verschiedenartigkeit einfach auch bestimmte Dinge immer und immer wiederholen. Es gibt heute eine Tendenz, dass z.B. auf den Kirchentagen immer neue Lieder gesungen werden. Ich habe manchmal richtig Sehnsucht danach, das wir wenigstens noch die Lieder singen, die wir früher einmal gekonnt haben, und dass wir auch in diesen Fragen ein Stück Tradition und Beständigkeit pflegen.«[53]

Angela Merkel sagt das im Juni 2004 auf der Bundestagung des Evangelischen Arbeitskreises, wo sie mit solchen Worten viel Zustimmung erntet. Bei einigen Protestanten stößt sie mit dem Traditionswunsch vielleicht auf Gegenliebe. In ihrer Einmischung in innerkirchliche Angelegenheit bleibt sie meistens zurückhaltend. Nur manchmal überrascht sie doch mit einem deutlichen Wort in die eigene Kirche hinein. So wie es mit allen Dingen ist, die den persönlichen Glauben betreffen. Sie sagt selten etwas, dann aber doch oft überraschend offen. So gab sie 2005 der TV-Zeitschrift *Bildwoche* ein Interview und bekannte, dass sie fast jeden Tag bete. Besonders interessant war jedoch ihre Absage an ein Beten für den Wahlerfolg. »Um politische Ziele zu beten, finde ich unredlich«, sagte sie. In ihren Gebeten gehe es um Gesundheit und Kraft. »Den Rest muss ich schon alleine schaffen.« Einige Publizisten wollen ihr daraus mangelndes Gottvertrauen ableiten, im Kern verdeutlicht es wieder einmal ihre Trennung von gelebtem Glauben und konkreter Politik. Vor den CDU-Parteitagen versammelt sich die Partei traditionell in einer Kirche. Angela Merkel tat sich, wie bereits gesagt, schwer, diese Tradition aufzunehmen. Auch mag sie nicht mit derart großer Lust im prächtigen Berliner Dom unter Fernsehbeobachtung in der ersten Reihe sitzen, wie das ihr Vorgänger Gerhard Schröder aus anderen Gründen gerne tat. Der Gottesdienst selbst aber scheint ihr wichtig. Zumindest betont sie ihre persönliche Wertschätzung für die Feier des Glaubens in Gemeinschaft gerne – auch wenn man die praktische Ausübung dessen bei ihr von außen kaum beobachten kann.

Sie spricht im Gespräch mit Hugo Müller-Vogg über die Bedeutung des Glaubens und hebt diese über eine rein moralische oder auf sich selbst bezogene Dimension hinaus. Es geht auch ihr um Glaubensvollzug und Praxis. »Der Glaube ist für mich in jedem Fall eine Erleichterung. Dann aber gibt es noch eine ganz andere Ebene, die bei mir eine Rolle spielt: Es macht mir Spaß, in der Gemeinschaft eines Gottesdienstes mitzusingen. Das hat etwas Befreiendes.«[54]

Von ihrem Vater wird berichtet, er habe in der Pfarrkirche in Templin auch moderne Dinge ausprobiert. Er, der nicht der Ortspfarrer war, kam von der Enklave, dem Waldhof, und zeigte der Gemeinde einmal, dass es auch anders geht. Sonderlich begeistert seien seine neuen Predigtansätze, bei denen auch das Gottesvolk zu Sprache kommen sollte, in dem eher konservativ-protestantischen Milieu aber nicht angekommen sein, heißt es von Zeitzeugen. Wie seine Tochter damals als Jugendliche und junge Frau über die Experimentierfreude ihres Vaters gedacht hat, ist nicht bekannt. Nur dass sie zu den

Kindergottesdiensten ging, ist überliefert. Auch wie ihr Gottesdienstbesuch während des Studiums in Leipzig und später in Berlin ausgesehen hat, will keiner so genau wissen. In der Gethsemane-Gemeinde, zu der sie sich zugehörig fühlte, war sie wohl eher nicht jeden Sonntag zu sehen. Umso erstaunlicher erscheinen die Überlegungen von Angela Merkel beim Evangelischen Kirchentag 2005 in Hannover. Dort widmet sie sich, wie in anderem Zusammenhang schon erwähnt, einem alttestamentlichen Stück. Und es kommt zu einer denkbar starken Auseinandersetzung mit protestantischer Gegenwart. Sie analysiert den Prophetentext Maleachis und legt seine Mahnung angesichts einer gottlosen Umgebung dar. Bei aller Vorsicht überträgt sie die 2500 Jahre alte Geschichte auch auf die Jetztzeit des Glaubens und fragt nach der heutigen Präsenz Gottes. »Leben nicht die meisten Menschen in unserem Land und in Europa längst, als wenn Gott abwesend wäre?« Der Prophet wolle an Gott erinnern, das sei heute ebenso nötig, sagt sie.

»Ich frage mich vor dem Hintergrund dieser prophetischen Mahnung heute auch: Haben wir – gerade auch wir deutsche Protestanten – überhaupt noch ein rechtes Bewusstsein davon, dass ein lebendiger Glaube neben ethischer Gesinnungsforderung und gesellschaftlich-politisch geübter Verantwortung – was alles wichtig ist! – auch wesentlich etwas mit »Kultus« zu tun hat?«

Die – was Glaubensdinge angeht – oft so zurückhaltend empfundene CDU-Vorsitzende fährt hier eine deutliche Kritik der religiösen Realität in Deutschland auf. Und obwohl gerade sie so wenig im religiösen Kultus sichtbar ist, verlangt sie nach Kultus statt nach Moral oder gesellschaftlichem Handeln. Soll hier die Religion, vielleicht sogar die Kirche, aus der Politik herausgedrängt werden. Oder ist es nicht vielmehr die Erkenntnis, dass eine Religion von der Praxis ihrer selbst – das heißt etwa dem Gottesdienst – wieder neu belebt werden müsste? Kultus hat ihrer Meinung nach, »mit gelebten und gefeierten und im Gottesdienst sinnlich erfahrbaren Ritualen« zu tun, »mit der Pflege von Frömmigkeitspraxis, mit Gebeten mit gelerntem und verinnerlichtem Katechismus, Liedern und Bibelstunden«. Weiter fragt sie, ob sich das denn in den Gemeinden überhaupt noch finden lasse. Sie schließt ihr Plädoyer mit dem Satz: »Wie pflegen wir unsere diesbezügliche Identität? Glaube, gerade auch wenn er den kommenden Generationen weitervermittelt werden will, bedarf auch der Formgebung und der bewusst liebevollen Gestaltung.« Kritiker mögen einwenden, diese eher konservativ-religiöse Darlegung entstamme der Feder eines Redenschreibers im Konrad-Adenauer-Haus, der mit der Zunge seiner Chefin Kirchenpolitik betreiben will. Wie weit sie sich solche Sätze diktieren lässt, ist fraglich. Sicher sagt sie sie nicht ohne eine weitgehende Übereinstimmung. Ein Liebäugeln mit dem Katholizismus lässt sich daraus nicht ableiten. Der Pomp der römischen Kirche soll, so sagen Vertraute, ihr immer sehr fremd geblieben sein, wenngleich sie eine gewisse Wertschätzung für Papst Benedikt XVI. einräume. Ihr gefällt seine Betonung der Vernunft im Nachdenken über den Glauben. Und vom Zeremoniell nach dem Tod von Johannes Paul II. und der Wahl des neuen Kirchenoberhauptes soll auch die uckermärkische Protestantin sich habe beeindrucken lassen, wissen Begleiter. Die Oppositionsführerin war damals spontan noch mit Kanzler Schröder und Innenminister Otto Schily in der Regierungsmaschine mitgeflogen. Ein ungewöhnlicher Vorgang für ein welthistorisches Ereignis.

Es bleibt eine Liebe zum Singen, eine Freude am gemeinschaftlich gefeierten Gottesdienst und dem Wissen um die Wichtigkeit von Kultus und Ritual für den Glauben und die Weitergabe des Glaubensgeschenks – alles das Eigenschaften, die Angela Merkel im gewohnten Bild oft nicht zugetraut werden. In der »Politikerbibel«, die 2006 zum zweiten Mal von Karl Jüsten und Stephan Reimers herausgegeben wurde, kommentieren Politiker Bibelstellen. Angela Merkel wählt ihren Konfirmationsspruch und schreibt dazu: »Der Glaube ist das sichere Vertrauen auf Gott, zu dem der Mensch im Leben immer wieder Zuflucht nehmen kann. Die Hoffnung ist genau diese feste Zuversicht auf das, was von Gott an Heilsamem zu uns kommen wird, ohne jedoch schon gegenwärtig und erfahrbar zu sein. Die Liebe aber ist die entscheidende Kraft, die uns Gottes Nähe wirklich erfahren lässt, uns füreinander öffnet und uns über uns selbst und unsere alltäglichen Sorgen und Probleme hinaushebt. Sie ist das Band, das alles zusammenhält. Ohne sie wäre unser Leben arm, ziellos und ohne Perspektive.«

In einem Interview kommentiert sie ihn einmal so: »Ich finde, dass in diesem Spruch zum Ausdruck kommt, dass die Hinwendung der Menschen zueinander oder eines Menschen zu einem anderen eigentlich das ist, was das Leben prägen sollte, nicht Abneigung oder immer das Schlechte, sondern das Gute im Menschen suchen. Das war auch immer meine Lebensmaxime.«[55]

Der Streit um das Leben

Bioethische Debatten gehören zum Alltag des Bundestages. Angela Merkel begleiten diese Fragen des rechtlichen und ethischen Umgangs mit dem Leben, vor allem an dessen Anfang und Ende, seitdem sie in der Politik ist. In den zurückliegenden Legislaturperioden waren es unter anderem Diskussionen um Sterbehilfe, eine Eingrenzung der Spätabtreibung sowie die Auseinandersetzung um die Stammzellforschung. Beispielhaft war die Auseinandersetzung mit dem Thema Präimplantationsdiagnostik (PID).

Mutter all dieser Debatten ist die Auseinandersetzung um die Abtreibungsregelung nach der deutschen Einheit Anfang der 90er-Jahre. Auftakt dazu ist die Sitzung am 26. September 1991 – überhaupt erst der siebte Auftritt Merkels vor dem Hohen Haus. Die Sitzung beginnt schon früh am Morgen im Alten Wasserwerk am Bonner Rheinufer. Das westdeutsche Parlament hatte wiederholt Debatten zur rechtlichen Bewertung von Schwangerschaftsabbrüchen geführt. Nun ist es die erste Auseinandersetzung des alten Themas in neuer großer Runde, im wiedervereinigten Deutschland. Mit dabei sind die Abgeordneten der Partei des Demokratischen Sozialismus (PDS) und einige Mitglieder der Bürgerbewegung der DDR, die sich im Bündnis 90 den Grünen angeschlossen hatten. Auf der anderen Seite des Spektrums sind alte konservative Haudegen der Union, wie es sie im Parlament nun rund 25 Jahre später kaum noch gibt.

Angela Merkel ist an diesem Tag, knapp ein Jahr nach der Deutschen Einheit, ziemlich unwichtig, obwohl sie Frauenministerin ist. Sie spricht um 14 Uhr, nach der Mittagspause. Nicht alle Abgeordneten kommen vom Essen rechtzeitig zur

Rede Merkels zurück in den Plenarsaal. Die bekannten und wichtigen »Vorturner« wie Rita Süssmuth (CDU) und Heiner Geißler (CDU), auch Hans-Jochen Vogel (SPD), haben längst schon gesprochen. Am Vormittag hatte bereits ein heftiger Schlagabtausch mit vielen Zwischenrufen und mitunter beleidigenden Untertönen auf beiden Seiten stattgefunden.

Was steht zur Debatte: Lebensschutz gegen das Selbstbestimmungsrecht der Frau. Diese eingeübte Konstellation macht auf die Außenstehende Merkel in dieser unversöhnlichen Konfrontation einen geradezu erschreckenden Eindruck. Auf der Tagesordnung steht die Neufassung des Paragrafen 218 des Strafgesetzbuches, der die Strafbarkeit von Schwangerschaftsabbrüchen regelt. Diese Neufassung des Gesetzes, das in der Ursprungsfassung noch aus dem Kaiserreich stammt, war nötig geworden, weil durch die Wiedervereinigung die Rechtslagen in Ost und West angeglichen werden mussten.

Bei den Verhandlungen zum Einigungsvertrag hatte man sich nicht auf eine gemeinsame Regelung verständigen können. Kohl soll deswegen getobt haben, weil Lothar de Maizière in der Frage nicht nachgeben wollte. Deswegen wurde der gesamtdeutsche Bundestag beauftragt, die Rechtseinheit in dieser Angelegenheit herzustellen.

In der DDR galt seit 1972 eine liberale Fristenregelung, in der Bundesrepublik Deutschland hingegen eine sogenannte Indikationsregelung. Die besagte, dass Abbrüche nur in vier verschiedenen Fällen straffrei bleiben. Die vier im Westen gültigen Kriterien waren die medizinische, die kriminologische, die eugenische und die soziale Indikation. Bei der Fristenregelung hingegen war lediglich die Einhaltung einer Dreimonatsfrist die Hürde für die Straffreiheit.

Die gegnerischen Positionen gipfelten in Aussagen etwa der Abgeordneten Christina Schenk (Bündnis 90, später PDS), Abtreibung müsse legales Mittel der Familienplanung sein, da Verhütungsmittel gesundheitliche Schäden bei der Frau verursachen könnten. Schenk hatte sich zu Zeiten der DDR in der evangelischen Kirche und bei der Opposition engagiert. Ihre Position sorgte für erhebliche Proteste bei der CDU/CSU-Fraktion. Am anderen Ende des Meinungsspektrums befand sich etwa Norbert Geis (CDU), der darauf verwies, dass eine Straffreiheit bei vorgeburtlicher Kindstötung durch Abtreibung jeglicher Grundlage im Rechtssystem entbehre.

Auf der Tagesordnung standen an diesem Tag, grob gesagt, zwei Entwürfe. Im tatsächlichen parlamentarischen Verfahren gab es weitere Anträge, die Minderheitenpositionen wiedergaben. Ein Vorschlag einiger SPD-Parlamentarier, der auch von der FDP unterstützt wurde, sah vor, eine veränderte Fristenregelung mit Beratungsangebot auch im Westen einzuführen. Auf der anderen Seite stand ein Unionsentwurf, zu dem sich die Abgeordneten von CDU/CSU auch nur mit Mühe hatten durchringen können. Er enthielt eine Indikationslösung, die allerdings leicht verschärft war gegenüber dem geltenden Recht, da ein Arzt die letztendliche Entscheidung über die Abtreibung, das heißt über die Lage der Frau, treffen sollte.

Als Angela Merkel also um 14 Uhr an das Pult tritt, scheitert sie mit ihrer Rede. Das wird ihr, so viel lässt sich sagen, später so nicht noch einmal passieren.

Gegen ihre innere Überzeugung verteidigt sie den Unionsvorschlag. Doch dafür ist sie nicht gewieft genug, das merkt die Opposition – und nicht nur die. Merkel beginnt ihre Rede, indem sie Verständnis für die Situation der Frauen äußert. Sie warnt vor einer unsachlichen Debatte und Übertreibungen.

Doch gerade diese Äußerungen besänftigen keinen, sondern offenbaren eher Merkels fehlende Überzeugung. »Es macht mich betroffen, wenn die Entscheidung, die wir zu treffen haben, mit dem Schießbefehl an der Mauer gleichgesetzt wird. Ich vermute, dass sich auch die allermeisten katholischen Christen, die sich um eine vernünftige und sachgerechte Lösung bemühen, in dieser Frage bei einem solchen Vergleich missverstanden fühlen.«

Fuldas Erzbischof Johannes Dyba hat zu dieser Zeit gerade zum ersten Mal vom »Baby-Holocaust« gesprochen. Kardinal Meisner stimmt wegen der Abtreibungsfrage seine Litanei vom Streichen des »C« in der Union an. Schon der CDU/CSU-Entwurf gilt vielen Bischöfen als Sündenfall. Dass die CDU-Jugendministerin nun nur zaghaft diesen Entwurf verteidigt und doch eigentlich eine Fristenlösung sich vorstellen könne, kennzeichnet den Beginn des wechselvollen (oder angespannten?) Verhältnisses von Angela Merkel und der katholischen Kirche.

Und spätestens hier bekommt sie den Stempel aufgedrückt, eine ostdeutsche Liberale zu sein. Dass sie Protestantin ist, fällt unter den Tisch. In der Debatte bekommt auch die SPD noch die Gelegenheit, Merkel vorzuführen. Natürlich könne nur die Frau allein entscheiden, ob ihre Lage so schwerwiegend sei, dass sie einen Abbruch in Erwägung ziehe, erklärt Merkel. Die Zwischenrufe kommen prompt. Denn im Unionsentwurf wird ja gerade dem Arzt die abschließende Entscheidung aufgebürdet. Merkel verteidigt sich noch. Aber im Grunde wird klar: Merkel ist in dieser Frage nicht stark, sondern schwach.

Ganz am Ende des Prozesses, einige Jahre später, bekommt Angela Merkel ungefähr die Regelung, die ihr von Anfang an vorschwebte: Eine Indikationsregelung mit Beratungspflicht, die aber die Entscheidung letztlich der Frau überlässt, ist seit dem 1. Oktober 1995 geltendes Recht.

Bis dahin gibt es einige Abstimmungen, ein Urteil des Bundesverfassungsgerichts, neue Debatten und weitere Abstimmungen. Für Angela Merkel bleibt das Thema die ganze Zeit ein Drahtseilakt. Sie verwendet in den späteren Debatten die Formel vom »Helfen statt Strafen«, um ihre Position zu charakterisieren. Vermutlich hatte sie diese im Bundestag gehört. Denn sie stammte von Hans-Jochen Vogel, er hatte sie bereits an jenem 26. September 1991 verwandt. Vogel, überzeugter Katholik, war auch einer derjenigen, die in dieser Frage vermitteln wollten. Allerdings war er damals noch weitaus erfahrener als Merkel.

Am 25. Juni 1992 stimmt der Bundestag über die vorliegenden Entwürfe ab. Der Gruppenantrag, der mehrheitlich von der SPD unterstützt wird, setzt sich durch. Der Kohl-Regierung wird erstmals nach zehn Jahren eine Niederlage beigebracht – mit Hilfe von 32 Unionsabgeordneten, die nicht dem eigenen Entwurf folgen. Angela Merkel enthält sich bei der entscheidenden Abstimmung der Stimme. Das allein ist schon ein sehr deutliches Signal. Ihr Verwirrspiel wird noch undurchsichtiger, weil sie die Klage beim Verfassungsgericht gegen das Fristenlösungsgesetz unterstützt haben soll. Zumindest behauptet sie dies, doch ihre Unterschrift findet sich, wie Gerd Langguth herausgefunden hat, nicht unter der Klageschrift. Sie hält daran fest, die Klage politisch unterstützt zu haben. Der Druck von Fraktionschef Wolfgang Schäuble, der Klage beizutreten, war wohl groß. Das Karlsruher Urteil schließlich, das die Regelung jedoch verwirft, kann Merkel wieder aus vollem Herzen bejahen, schließlich ging es ihr ja um einen anderen Mittelweg, der sich bis dahin nirgendwo politisch wiedergefunden hatte.

Auch Helmut Kohl blieb in dieser Frage nicht eindeutig. Seine Haltung illustriert gut seinen Umgang mit kirchlichen Positionen und kirchlicher Einflussnahme. Er musste für eine einigermaßen der katholischen Haltung konforme Regelung kämpfen. Alles andere hätte seine Wählerklientel ihm verübelt. *Der Spiegel*, der allerdings in dieser Frage sehr kämpferisch auftrat, überliefert die Kohl-Äußerung: »Wir zeigen Flagge und gehen kämpfend unter.« Kirche ist nicht mehr gleich Union, diese Debatte ist ein weiterer großer Schritt zur Säkularisierung der Partei. Dass Angela Merkel in diesen Prozess passte, besonnen und ohne besonderen Eifer, das wusste auch Kohl. Sie selbst nennt die Neuregelung des Paragrafen 218 ihre größte Bewährungsprobe des ersten Jahres.

Im Rückblick, wenige Monate nach der Abstimmung, sagt sie: »In der Diskussion über diese Frage bin ich nur auf Menschen gestoßen, die eine klare, eindeutige Meinung vertraten. Innerhalb der Union war die Auseinandersetzung besonders heftig. Ich habe mich dafür eingesetzt, die Auseinandersetzung stilvoll, also ohne Diffamierung unbequemer Ansichten, zu führen. Ich habe mir gesagt, wenn ich schon meine Meinung nicht ohne Abstriche durchsetzen kann, will ich wenigstens zu einer Lösung beitragen, mit der ich leben kann. Während der ganzen Auseinandersetzung war der Druck von allen Seiten, auch der öffentliche Druck, so stark, dass ich am Schluss kaum noch wusste, was ich selber will. Das hat meine eigene Entscheidung so schwergemacht. Im Bundestag habe ich mich dann doch für den CDU-Antrag ausgesprochen, obwohl er in einem wichtigen Punkt nicht meiner Auffassung entsprach.«[56]

Jahre später schlendert Angela Merkel über den Katholikentag in Osnabrück. Nur an einem einzigen Stand, einem kleinen Zelt mit Tisch, Stühlen und einer Kaffeemaschine, setzt sie sich und verweilt. Ein Schreckensszenario für die Sicherheitskräfte: Warum sucht die Bundeskanzlerin sich denn ausgerechnet diese kleine, enge Nische aus, um mit ein paar älteren Damen zu plaudern? Das war sicherheitstechnisch kaum zu kontrollieren. Es ist das Zelt von *Donum Vitae*, es begrüßt sie die langjährige Vorsitzende und einstige Präsidentin des Zentralkomitees der deutschen Katholiken, Rita Waschbüsch. Die Frauen umarmen sich, so viel Herzlichkeit überrascht inmitten des Trubels, der Hektik, der Schaulustigen.

Donum Vitae heißt »Geschenk des Lebens« und ist ein Verein von katholischen Laien, der deutschlandweit die sogenannte Schwangerenkonfliktberatung anbietet. Jene Beratung, die nach dem geltenden Recht vorgeschrieben ist, will eine Frau einen Schwangerschaftsabbruch vornehmen lassen. Um diese Pflichtberatung hatte es in den 1990er-Jahren, nach dem Inkrafttreten des neuen Gesetzes, einen bis dahin ungekannt heftigen Streit in der katholischen Kirche gegeben. Rom verlangte den Ausstieg aus dem Beratungsangebot, da es mit dem sogenannten Beratungsschein den Freibrief zur Abtreibung liefere. Viele Bischöfe, Laien und katholische Politiker wünschten sich einen Verbleib der Kirche im staatlichen Beratungssystem, da die kirchlichen Stellen besser als andere helfen könnten, Abtreibungen zu verhindern. Es war ein Lehrstück im Streit zwischen Pragmatik und Prinzip. Klar, dass Angela Merkel auf der Seite der Pragmatik stand.

Die Kirche stieg aus dem Beratungsangebot aus, weil Rom es so angeordnet hatte. Laien gründeten *Donum Vitae*, der Verein ist seitdem innerhalb und außerhalb der Kirche geliebt und gehasst – je nach Überzeugung. Die Bundeskanzlerin der Bundesrepublik Deutschland hat mit ihrem Stopp am Stand von *Donum Vitae* ein deutliches Signal der Solidarisierung gesetzt. Gegenüber den Bischöfen ist dies nicht sonderlich diplomatisch, dieser Teil des Rundgangs bleibt daher auch ohne bischöfliche Begleitung.

Die Abtreibungsfrage ist bis heute ein Politikum, zumal im Verhältnis von katholischer Kirche und Politik. Und damit bleibt der Kanzlerin auch bis heute eine deutliche Distanz erhalten, die Kohl so hat nicht entstehen lassen. Auch wenn er vielleicht in der Sache in Teilen ähnlich dachte wie Merkel.

Anfang des neuen Jahrtausends tritt ein weiteres Themenfeld in die öffentliche Debatte, welches die Kirchen stark politisiert und stark Politik betreiben lässt. Im Zentrum steht die Frage der embryonalen Stammzellforschung. Zu diesem Zeitpunkt befindet sich Angela Merkel schon auf einer ganz anderen Stufe ihrer Karriere, vor allem auf einem anderen Level ihrer persönlichen politischen Entwicklung. 2001 ist sie nicht mehr – anders als noch 1991/92 – Neueinsteigerin, nur ein Teil der CDU, eine stellvertretende Vorsitzende ohne viel Hinterland.

Nun ist sie die Vorsitzende der Volkspartei CDU, die Nachfolgerin von Kohl und Adenauer. Aber die CDU regiert nicht mehr. Das heißt, an konkretes Regierungshandeln, an die Umsetzung von politischen Vorstellungen ist gerade nicht zu denken. Außerdem steht eine Bundestagswahl vor der Tür, die erste, die Angela Merkel als Kopf der CDU zu führen hat.

Als der Bundestag Ende Januar 2002 das Stammzellgesetz verabschiedet, hat Angela Merkel eine ganz andere Entscheidung hinter sich. Am 11. Januar trägt sie beim Frühstück in Wolfratshausen Edmund Stoiber die Kanzlerkandidatur der Union an und geht dadurch einer parteiinternen Niederlage aus dem Weg. Sie weiß, dass führende Landesverbände sie als

Spitzenkandidatin verhindern wollen. Zunächst steckt sie im Kampf um die Kanzlerschaft also eine große Niederlage ein. Auf längere Sicht hingegen gewinnt sie, da sie sich die Niederlage gegen Schröder bei der Bundestagswahl im Herbst 2002 erspart. Nach der Bundestagswahl wird sie Oppositionsführerin im Bundestag und löst gegen dessen Willen Friedrich Merz ab. Ein Schritt, der immer wieder als besonders kühler, machtstrategischer Schachzug interpretiert worden ist, obwohl es keineswegs ungewöhnlich ist, die Doppelspitze aus Parteivorsitz und Fraktionsführung anzustreben. Die Legende von der »männermordenden« Merkel wird weitergestrickt.

Diese Geschichte hat ihren Anfang im Ende der Ära Kohl. Nach Kohls Wahlniederlage 1998 verliert Angela Merkel ihr Ministeramt. Sie wechselt in die CDU-Parteizentrale ins Konrad-Adenauer-Haus und wird neue Generalsekretärin der Partei unter dem Kohl-Nachfolger im Amt des Parteivorsitzenden, Wolfgang Schäuble. Die ersten Jahre der Opposition werden für die Union zum Höllentrip. Die sogenannte Spendenaffäre bringt die CDU an den Rand eines Ruins. Mit ihrem Zeitungsbeitrag in der *Frankfurter Allgemeinen Zeitung* vom 22. Dezember 1999 fordert Merkel ihre Partei auf, sich von ihrem Übervater loszulösen und die Zukunft selbst in die Hand zu nehmen. Sie würdigt die Verdienste Kohls, um gleichzeitig zu erklären, dass seine Zeit endgültig zu Ende ist. Es ist der mutigste Schritt ihrer bisherigen Karriere, wie sie selbst sagt.

Kohl legt den Ehrenvorsitz nieder, Angela Merkel gewinnt an Profil. Dieser Text begründet ihren Ruf, auch gegen Denkmäler anrennen und furchtlos sein zu können. Im weiteren Verlauf des Spendenskandals gerät auch Schäuble in den Verdacht, unsachgemäß Geld angenommen zu haben. Zur Stabilisierung der Stimmung an der Parteibasis setzt Angela Merkel Regionalkonferenzen an. Nach dem Fall Schäubles werden diese nacheinander und überall in der Republik stattfindenden Diskussionsrunden mit der Generalsekretärin, die so nicht im Statut der Union vorgesehen sind, zu einer ungeplanten Werbetour für Merkel. Trotz einiger Widerstände und des Versuchs einiger Altvorderer wie Kurt Biedenkopf und Volker Rühe, Merkel zu verhindern, macht »Angies Roadshow« sie zur Favoritin für den Parteivorsitz.

Am 10. April 2000 wird die geschiedene Pastorentochter aus der ostdeutschen Provinz zur Vorsitzenden der Christlich Demokratischen Union Deutschlands gewählt. Zum ersten Mal eine Frau an der Spitze der Konservativen und nach Ludwig Erhard und Wolfgang Schäuble zum dritten Mal ein Protestant als Vorsitzender der CDU. Nie zuvor hatte die CDU an der Spitze jemanden, der geschieden und wiederverheiratet war und keine eigenen Kinder hat. Inzwischen, im Jahr 2017, gehört Merkel zu den Dienstältesten der insgesamt sieben CDU-Chefs seit 1949. Adenauer mit 16 Jahren hat sie überrundet, nur Helmut Kohl mit 25 Jahren ist ihr, was die Amtszeit als CDU-Vorsitzender angeht, noch weit voraus.

Ihre erste Rede im Bundestag zum Thema Stammzellforschung hält Angela Merkel am 31. Mai 2001. Vor ihr sprach der SPD-Fraktionsvorsitzende Peter Struck. Er hatte gerade dafür geworben, diese Debatten in bioethischen Fragen und vor allen daraus resultierende Entscheidungen ohne die sonst übliche Fraktionsdisziplin zu führen. Jeder solle allein nach seinem Gewissen zu seinem Votum kommen. Doch bis zu einer Entscheidung war es noch etwas hin, der Bundestag beschäftigte sich an diesem Tag mit einigen Themen, zu denen auch die Frage der Präimplantationsdiagnostik zählte, allein zur Meinungsbildung. Angela Merkel beginnt ihre Rede mit einem Satz, der eigentlich genügt, die ganze Debatte zu bestehen. »Menschliches Leben beginnt mit der Verschmelzung von Ei- und Samenzelle.« Damit stellt sie sich auf den Boden katholischer und christlicher Lehre, damit setzt sie für sich zunächst einmal den höchsten ethischen Standard. Sie sagt es so: »Das ist für mich der Fixpunkt in der heutigen Debatte, und das ist für mich in der christlichen Verantwortung vor Gott begründet.« Doch diese kurze Rede aus dem Jahr 2001 liest sich wie eine Vorwegnahme dessen, was danach noch kommen sollte an Hin und Her und schwieriger Suche nach einem Kompromiss.

»Wir müssen aufpassen, dass wir einen solchen Fixpunkt«, so sagt die Parteivorsitzende, »nicht deshalb verschieben, weil wir gerne zu manchen Entscheidungen kommen würden, die mit diesem Fixpunkt nicht vereinbar sind.« Da klingt noch der hohe ethische Anspruch an. Doch dann schiebt sie einen weiteren Satz nach, der mehr vernebelt als er verdeutlicht. Man könnte auch sagen, den ethischen Anspruch kurzerhand wegwischt. »Ein solcher Fixpunkt verschafft Klarheit. Er ist aber nicht starr und gibt deshalb auf viele Fragen, die uns gestellt werden, keine abschließenden Antworten.« Ein Fixpunkt, der nicht starr, also nicht fix ist? Das ist wohl wie ein Standpunkt, den man abläuft oder umkreist, aber eben in Wahrheit gar nicht einnimmt, nicht hat. Angela Merkel will sich nicht festlegen – so viel ist klar.

Solche Debatten und weitere Beiträge belegen ihre Rolle als Moderatorin, die lange mit der eigenen Entscheidung wartet, um dann ganz am Schluss eine Entscheidung zu fällen, die möglichst mit den eigenen Überzeugungen konform geht, aber auch die ganze Partei mitnimmt, alle Bedenkenträger irgendwie besänftigt – und schließlich auch in der ganzen

Gesellschaft vermittelbar ist. Sie will die Christen in der Partei, die Lebensschützer nicht verärgern, gleichzeitig gibt es viele, die Hoffnungen mit der Forschung verbinden. Die Debatte am 31. Mai 2001 hat mehr Fragen aufgeworfen als beantwortet.

Angela Merkel sagt im weiteren Verlauf der Rede, embryonale Stammzellen zu nutzen, verbiete das Embryonenschutzgesetz. Sie verlange ein Moratorium, bis es im Bundestag eine Einigung gebe, »ob wir Forschung an embryonalen Stammzellen wollen oder nicht«. Der Vergleich mit der Debatte um die Abtreibungsfrage also bietet sich an. Persönlich favorisiert sie die liberalere Regelung, nimmt aber Rücksicht auf christliche oder anders gelagerte Kritiker, die den Schutz des Lebens im frühen Stadium hochhalten. Sie ist es nicht selbst, die hier die vermeintlich christlich-kirchliche Fahne schwingt.

Die embryonale Stammzellforschung ist in Deutschland einer breiteren Öffentlichkeit seit dem August 1999 bekannt. Damals gelingt es dem Bonner Forscher Oliver Brüstle, embryonale Mausstammzellen in Hirnzellen zu verwandeln. Solche und ähnliche Forschungsergebnisse nähren die Hoffnung, diese Forschung könne, auf den Menschen angewandt, zur Heilung schwerer Krankheiten wie Alzheimer führen. So könnten aus menschlichen embryonalen Stammzellen neue menschliche Nervenzellen entstehen, die dann die geschädigten Zellen ersetzen würden. Doch diese Vision ist noch weit entfernt von einer Umsetzung, Kritiker sehen unüberwindbare Hürden, um eine solche Therapie mit Stammzellen möglich werden zu lassen. Vor allem aber, so wird befürchtet, würden dazu immer mehr menschliche Embryonen getötet werden müssen. Diese sogenannte verbrauchende Embryonenforschung würde menschliches Leben zur Ware machen. Wenn aber, wie Angela Merkels »Fixpunkt« besagt, menschliches

Leben mit der Verschmelzung von Ei- und Samenzelle beginnt, dann würde doch auch dem Embryo die Menschenwürde zustehen. Eine Nutzung, auch zum Wohle anderer, dürfte es dann nicht geben.

Der Antrag, der dann am 30. Januar 2002 eine deutliche fraktionsübergreifende Mehrheit im Bundestag erhält, ermöglicht den Import von im Ausland hergestellten embryonalen Stammzellen. Für beide Kirchen ist damit der »Dammbruch« passiert. Denn das Embryonenschutzgesetz, das eine Herstellung solchen Materials durch Tötung von Embryonen verbietet, wird umgangen. Ein Stichtag soll gewährleisten, dass sich keine Anreizwirkung aus dieser Regelung ergibt.

Angela Merkel in einer vorweggenommenen großen Koalition unterstützt jetzt zusammen mit Bundeskanzler Gerhard Schröder diesen Kompromissentwurf, den im Vorfeld vor allem ein Kreis christlicher Abgeordneter mit Mitgliedern aus allen Fraktionen erarbeitet hatte. Die katholische Position, nämlich ein Verbot des Imports, taucht in einem gesonderten Antrag auf, der jedoch keine Mehrheit findet. Die Schreiber des Kompromisses hatten so erreicht, dass die Tür »nur einen Spalt weit« geöffnet wurde und nicht, wie andere wollten, deutlich weiter.

Die CDU-Chefin kann sich so hinter einen Entwurf platzieren, der, so sieht sie es, dem von ihr ein Jahr zuvor benannten Fixpunkt noch gerecht wird und gleichwohl anerkennt, dass es nun mal diese Stammzelllinien schon gab und deswegen eine Forschung mit ihnen durchaus sinnvoll scheint. Sie warnt weiterhin vor verbrauchender Embryonenforschung und wirbt in ihrer Rede für die adulte Stammzellforschung. Doch im Kern will sie die Forscher nicht ausschließen von der Weltgemeinschaft der Wissenschaft. Wir leben in einer »Gesamtwelt«, aus der dürfe man sich nicht verabschieden. Im Bundestag bleibt sie in diesem uneindeutigen Sowohl-als-auch-Ton der Parteichefin.

Ein halbes Jahr zuvor, am 16. Juni 2001 war sie deutlicher: Sie steht frühmorgens in Frankfurt am Main in der Messehalle 7 am Rednerpult. Ihr Thema: Wunder. Sie spricht aus, was viele auch in der Unions-Bundestagsfraktion, so etwa der evangelische Pfarrer und frühere Generalsekretär Peter Hintze, denken: Die »Ethik des Heilens« dürfe nicht aus dem Blick geraten. Damit ist gemeint, auch die Möglichkeit, durch embryonale Stammzellforschung vielleicht einmal Menschenleben retten zu können, bedürfe einer moralischen Bewertung. Wer also auf die Forschung verzichte, der verhindere diese Hilfe in einem eventuellen Fall, macht sich womöglich auch schuldig dadurch, dass er es unterlässt, Leben zu retten. Wundern steht Angela Merkel äußerst skeptisch gegenüber.

Sie spricht zu dieser frühen Stunde auf dem Deutschen Evangelischen Kirchentag. Es ist eine Bibelarbeit, diesmal zu einem Text aus dem Markusevangelium mit der Geschichte von der Auferweckung der Tochter des Jairus und der Heilung einer kranken Frau. »Das ist eine wundersame Geschichte«, sagt sie. »Ich weiß nicht, wie es Ihnen geht. Ich finde, es ist auch eine strenge Geschichte.«[57] Jesus geht zu dem Mädchen, als alle schon wissen oder zu wissen glauben, dass sie tot ist.

»Warum schreit und weint ihr?«, sagt er. »Das Kind ist nicht gestorben, es schläft nur.« Angela Merkel interpretiert das als ungeheuer »hartes« Element der Geschichte. »Wer den Glauben nicht hat, kann Jesu Worte nur als völlig unpassend empfinden.« Sie selbst gibt zu, hier zu zweifeln, unsicher zu sein mit dieser Stelle. »Zumindest tue ich mich schwer damit, wider alle Vernunft und Erfahrung zu sagen: Jawohl das Kind ist gar nicht tot, es schläft nur.«

Merkel zieht diese Geschichte heran, um die schwierigen Fragen von Glaube und Wissenschaft zu betrachten. Wie weit reicht das Handeln der Menschen, wie weit das Gottes? Die kleine Bibelarbeit am frühen Sommermorgen enthüllt die tiefen Überlegungen der CDU-Vorsitzenden zu diesem schwierigen Feld. Es scheint so, dass sie in dieser geschützten Form der Textauslegung - abseits des Taktierens in einer Volkspartei - ihren eigenen Überlegungen freien Lauf lässt. Obwohl auch in diesem Fall möglicherweise ein kluger Referent im Konrad-Adenauer-Haus damit beauftragt war, die Rede zu verfassen. Einer ihrer Redenschreiber sagte allerdings einmal, Merkel würde sogar merken, ob ein verwendetes Bibelzitat aus der Lutherübersetzung stamme oder aus der Einheitsübersetzung. Und gegebenenfalls einen Korrekturwunsch an den Rand schreiben.

Für Angela Merkel ist der Text aus dem Markusevangelium Anregung, über den eigenen Glauben und das eigene Handeln nachzudenken. Dabei liegt die Betonung auf Nachdenken. Sie schließt nicht aus dem Text etwa auf eine Handlungsanweisung oder eine direkte Botschaft, die eine Glaubenslehre beinhalten würde. Also etwa: Nur Gott ist Herr über Leben und Tod und deswegen Hände weg von einer Forschung, die sich in diesem Grenzbereich aufhält. Ganz im Gegenteil, sie deutet die Geschichte auf den Menschen hin, niemals jemanden aufzugeben. Für sie ist Krankheit auch ein soziales Problem, Menschen alleine zu lassen, sie ihrem Leid zu übergeben, alles das sei auch nicht eben gottgefällig.

»Die Frau leidet an einer Krankheit, deren Folgen klar erkennbar sind – für sie und ihre Mitmenschen: Letztere haben massive Berührungsängste ... Kein Wunder, dass diese Frau von Arzt zu Arzt geirrt ist und immer wieder versucht hat, ihr

Leiden abzuschütteln.« Hier zieht Angela Merkel die Brücke zur aktuellen Diskussion und in unsere heutige Zeit: »Eine solche Situation des Immer-auf-der-Hut-sein-Müssens ist für Menschen unwürdig. Das sollten wir uns immer wieder vor Augen halten, wenn wir über die Gentechnologie streiten. Dann haben wir manchmal sehr schnelle und sehr klare Antworten bereit, aber das faktische Leiden von Menschen bleibt bestehen.«

Was vor allem auffällt: Die CDU-Vorsitzende hat in diesem Zusammenhang weder im Bundestag noch bei einem Parteitag jemals von Gott gesprochen. Sie hat ihre Position niemals selbst ethisch begründet, sondern von Abwägen geredet und davon, dass das Grundprinzip hochgehalten werden müsse, nämlich, der Schutz der Embryonen.

Hier aber auf dem Kirchentag nimmt sie für sich auch Gott in Anspruch und fragt rhetorisch: »Aber haben wir nicht von Gott den Auftrag erhalten, Leiden zu lindern und Kranken zu helfen? Ist es nicht natürlich und gottgewollt, Krankheiten zu bekämpfen? Nicht mehr tut diese Frau auch – von Arzt zu Arzt.« Es scheint ein direkter Hinweis zu sein – auf die katholische und evangelische Kirche, auf große Teile in ihrer Partei -, wenn sie als politische Konsequenz auch anmahnt, in dieser Debatte weniger ideologisch, weniger eindeutig zu sein als vielmehr eben abwägend, was sie immer tut und was ihr immer gerne als Haltungslosigkeit vorgeworfen wird.

»Die Geschichte der Menschheit ist durchsetzt von Versuchen, jeweils ein Stück weit besser mit Krankheiten umgehen zu können. Deswegen rate ich dazu, die Debatte um Chancen und Risiken der Gentechnologie nicht so radikal zu führen, dass wir am Ende die Ethik des Heilens aus den Augen verlieren.« Konkret nimmt sie noch Bezug auf die Präimplantationsdiagnostik, bei der es um die Frage der Selektion von Embryonen im Reagenzglas und damit außerhalb des Mutterleibs geht. Sie sei sich »unsicher«, sagt sie. »Ich meine, dass die Gentechnologie nur dort ihre Grenzen hat, wo sie in das Leben anderer eingreift.« Bei der Stammzellforschung ist das aber dann der Fall, wenn man annimmt, dass Embryonen schon menschliches Leben sind. Dieses Dilemma löst Angela Merkel auch in diesem Beitrag nicht auf, weist aber in die Richtung, in die sie denkt.

Eine erneute Debatte beginnt schon Anfang 2006. Anders als noch 2002 regiert die CDU jetzt. Angela Merkel ist Regierungschefin. Die Katholikin und langjährige Vizepräsidentin des Zentralkomitees der deutschen Katholiken, Annette Schavan, ist ihre Forschungsministerin. Dass die Frage wieder auf die Tagesordnung kommen würde, ist allen klar, trotz gegenteiliger Beteuerungen. Annette Schavan weiß bei ihrem Amtsantritt wohl, dass es gerade ihr zufallen würde, diese Debatte noch einmal neu aushalten zu müssen. Die Bundesregierung wolle den Stammzellkompromiss nicht ändern, erklärt Schavan dennoch zu Beginn der Regierungszeit, von der Bundesregierung werde keine entsprechende Initiative ausgehen. Es kommt anders.

2006 scheitert Annette Schavan mit dem Versuch, in Brüssel die Vergabe von EU-Forschungsmitteln für Projekte mit menschlichen embryonalen Stammzellen zu verhindern. Sie will für die EU-Ebene eine dem deutschen Modell ähnliche Stichtagsregelung durchsetzen. Die Europäische Union entscheidet gegen Schavans Votum, und wird künftig Stammzellforschung mit Mitteln der Gemeinschaft fördern. Einzige Einschränkung: Das Geld darf nicht zur Tötung von Embryonen und zur Herstellung von Stammzelllinien verwendet werden.

Aus Sicht der Kirchen in Deutschland und auch aus der der Gegner in der Union und bei den Grünen, greift die Einschränkung zu wenig. Aus europäischer Perspektive ist es ein großes Entgegenkommen, denn in Europa hat eine Mehrheit der Staaten keine Bedenken bei der Stammzellenforschung. Die europäische Entscheidung hat die Debatte in Deutschland indes verändert.

Der ehemalige Bischof Wolfgang Huber schreibt in einem Zeitungsbeitrag für die *Frankfurter Allgemeine Zeitung*, dass eine Verschiebung des Stichtages nicht die ethische Qualität des Gesetzes berühren würde. Das bedeute, der Schutzstandard für Embryonen würde dadurch nicht verschlechtert. Das war ein kräftiges Signal an die Politik und an die Wissenschaft – und bedeutete eine Aufkündigung der gemeinsamen katholisch-evangelischen Haltung. Zur Erinnerung: Die bis dahin geltende Stichtagsregelung sieht vor, dass vor dem 1. Januar 2002 im Ausland hergestellte Stammzelllinien nach Deutschland importiert werden dürfen und zu Forschungszwecken genutzt werden können. Dadurch, so war die Argumentation 2002, werden keine neuen Embryonen getötet, da der Stichtag bereits in der Vergangenheit liege. Auch ein Anreiz zur Tötung von Embryonen könne ausgeschlossen werden.

Die Deutsche Forschungsgemeinschaft (DFG) fordert im November 2006 zum wiederholten Mal eine Abschaffung des Stichtags, da die alten Stammzelllinien zum Teil unbrauchbar und verschmutzt seien. Heute würde solches Material mit besseren Methoden hergestellt. Der ehemalige Bischof Huber legt dar, dass nicht eine Abschaffung des Stichtags, sondern eine Verlegung dem Anliegen der Wissenschaft entspräche, aber diese zugleich nicht den Embryonenschutz infrage stelle, da der neue Stichtag wieder in der Vergangenheit liegen würde.

Seitdem ist der Begriff der »ethischen Wanderdüne« geprägt, denn Kritiker befürchten, dass eine fortwährende Verlegung des Stichtages einer Aufhebung gleichkomme, bei gleichzeitiger ethischer Absicherung. Die Position Hubers gab den Befürwortern der Stichtagsverlegung so etwas wie den christlichen Segen.

Auch wenn nicht die gesamte EKD ihm folgt, auch wenn einige andere evangelische Bischöfe sich prominent auf die »katholische« Seite schlagen und gegen Huber argumentieren, war doch mit ihm die entscheidende Aufspaltung einer einheitlichen christlichen Position vollzogen und damit die Argumentationskraft entsprechend geschwächt. Im Kanzleramt ist man sich klar, welche Bedeutung Huber für den Prozess hat. Allen Anfeindungen auch gegen Annette Schavan und Angela Merkel zum Trotz, die nun gemeinsam für eine Verlegung des Stichtags eintreten, könnte man sogar sagen: Huber hat die Stammzellforschung insgesamt doch christlich salonfähig gemacht.

Bei Gesprächen zwischen den katholischen Bischöfen und der Kanzlerin gibt es in dieser Sache weiterhin keine Annäherung. Beobachter beschreiben die Atmosphäre als wenig herzlich. Merkel erläutert kontinuierlich die naturwissenschaftlichen Details, die die Kirchenoberen aber so genau nicht wissen wollen. Die CDU-Chefin jedoch beharrt auf klarer Argumentation, verknüpft mit der Frage, was den neuen Stichtag moralisch verwerflicher mache als den alten. Auf dieser Ebene kommt man nicht zueinander.

Ein entscheidender strategischer Schritt hin zu der Verschiebung, die schließlich am 11. April 2008 im Bundestag eine Mehrheit findet, ist für Angela Merkel der Beschluss des CDU-Bundesparteitags Anfang Dezember 2007 in Hannover. Es ist ein denkwürdiger Abend vor der traditionellen Parteitagsparty. Viele Delegierte bleiben länger als geplant für diese schwierige Diskussion und für diese schwierige Entscheidung im Plenum.

Schließlich votiert der Parteitag mit knapper Mehrheit für die Verschiebung des Stichtags. Damit wird die Liberalisierung der Stammzellenforschung festgezurrte CDU-Position. Angela Merkel war dafür noch einmal ans Mikrofon getreten – ohne Ankündigung und nachdem die Rednerliste schon abgearbeitet war. »Unsere Parteivorsitzende darf natürlich immer das Wort ergreifen«, sagt Sitzungsleiter Christian Wulff. Sie wirbt für den Leitantrag, der eine Verschiebung des Stichtages ermöglichen soll. Die Stimmung im Saal steht gegen sie.

Zuvor haben viele Redner gegen die Stammzellforschung argumentiert und davon gesprochen, dass die CDU ihre Werte hochhalten müsse – nicht nur in Sonntagsreden. Angela Merkel spricht in ihrem Redebeitrag auch hauptsächlich davon, wie wichtig es ihr ist, dass kein Anreiz für die Tötung von Embryonen geschaffen werde. Sie stimmt vermutlich noch einige Delegierte um, weil sie ihre eigene ethische Sorge mit ins Feld führt. Das stärkste Signal ist: Sie nimmt die Anregung eines Delegierten auf, einen weiteren Satz mit in den Antrag aufzunehmen. »Die CDU Deutschlands bekräftigt, dass die Tötung menschlicher Embryonen zur Gewinnung embryonaler Stammzellen mit dem christlichen Menschenbild … unvereinbar ist.«

Natürlich ist das ethisch eine ziemlich schiefe Angelegenheit. Warum ist der Import solcher Zellen akzeptabel, die Herstellung aber nicht? Denn genau das bezweckt die Stichtagsverschiebung: Weitere embryonale Stammzellen dürfen importiert werden. Das eigentliche Argument, das dem frühen Embryo eben noch nicht den vollen Schutz der menschlichen Person zubilligt – zu Recht oder auch nicht –, traut sich Angela Merkel nicht auszusprechen. Dass sie die »Ethik des Heilens« abwägt gegen eine »Ethik des embryonalen Lebens«, das ist zu konfrontativ für eine Parteivorsitzende und Kanzlerin und würde sicher auch nicht zu dem Ergebnis führen, das sie sich wünscht.

Renate Künast wirft ihr dann auch in einem Beitrag des *Rheinischen Merkur* vor, eine »dünne ethische Fundierung« zu haben. Es gehe ihr nur darum, deutschen Forschern Freiräume zu eröffnen. Und Kardinal Meisner fordert in der Folge der Entscheidung turnusmäßig die Aberkennung des »C«. Für Angela Merkel sei diese Entscheidung durchaus eine ethische gewesen, heißt es in ihrem Umfeld. Nach ihrem Verständnis hat sie diese Frage deswegen einer eigenen Gewissensprüfung – auch vor ihrem eigenen Glauben – unterzogen und dann für sich eine Entscheidung getroffen. Für sie sei das der richtige Weg. Die Debatte um diese ethische Frage hat in der Öffentlichkeit jedoch weitgehend ihre Freundin Annette Schavan geführt.

Von der Umweltministerin zur Energiewendekanzlerin

Der Jubel ist laut. Der Jubel ist ihr suspekt. Und müde ist sie auch. Sie kommt gerade von Heiligendamm, hat drei Tage und zwei Nächte mit den Mächtigsten der Welt über Klimaschutz und Armutsbekämpfung, über Hedgefonds und Freihandel diskutiert und steht nun mehr als 5000 Kirchentagsbesuchern in der Messehalle 5.2 in Köln-Deutz gegenüber. Einige haben an diesem 9. Juni 2007 drei Stunden gewartet, um sie zu sehen, schon lange vorher sind die Türen wegen Überfüllung geschlossen worden. Draußen warten noch mal einige Tausend – und geben sich mit Monitoren zufrieden. Die Menschen auf dem Christentreffen bereiten Angela Merkel einen Empfang, als ob sie die Welt gerettet hätte. Am Tag zuvor hatten noch zahlreiche Globalisierungskritiker und auch kirchliche Gruppen den G8-Gipfel mit Bush, Putin und Co. kritisiert, sogar bekämpft. Nun gibt es das kirchenoffizielle Hochamt für die Regierungschefin und »Weltpräsidentin«.

ZDF-Moderator Wolf von Lojewski überreicht ihr im Saal – und live auf dem Sender – den orangefarbenen Kirchentagsschal, den neben ihr schon der Friedensnobelpreisträger Muhammad Yunus trägt. Der Professor aus Bangladesch genießt Kultstatus, hat er doch mit seiner Grameen Bank und der Idee der Mikrokredite eine neue Form der Entwicklungshilfe etabliert. Angela Merkel nimmt den Schal an. Das Publikum jubelt und klatscht, als ob die Kanzlerin gerade zum Protestantismus konvertiert wäre. Die Sehnsucht ist groß nach Harmonie. Im Fernsehen sagen später einige Kirchentagsbesucher, es stimme hoffnungsfroh, dass der Kirchentag den G8-Gipfel habe beeinflussen können, dass die Kanzlerin die Anliegen der Christen annehme und den Großen der Welt überbracht habe. Das sind natürlich Einzelstimmen, da verdreht sich etwas in der Wahrnehmung. Aber in der politischen Gefühlsgroßwetterlage trifft es irgendwie auch den Kern. Viele wünschen sich eine Klimakanzlerin, eine Gerechtigkeitskanzlerin, die die Armut abschafft, eine christliche Kanzlerin, die das Böse bekämpft und das Gute zum Tragen bringt. Das ist naiv, aber doch auch normal, die Mehrheit protestiert eben nicht nur gerne, sondern freut sich auch, wenn alles gut wird.

So ein Schauspiel beherrscht Angela Merkel inzwischen, und doch ist es ihr fremd geblieben. Sie legt den Schal auf die

Knie, um ihren Hals bindet sie ihn nicht. In ihrer Rede, von Applaus und Sprechchören unterbrochen, geht ihr Wort fast unter. Sie sagt: »Es gibt keine Erlösungsereignisse, die die Welt vom einen auf den anderen Tag besser machen.« Genauso wenig gibt es menschliche Heilsbringer, könnte man anfügen. Das Besserwerden sei ein langsamer Prozess, doziert die Kanzlerin. Heiligendamm sei ein kleiner Schritt gewesen, durchaus ein Erfolg, aber eben nur einer auf der Wegstrecke. Als der Moderator danach über den Erfolg des Gipfels im Publikum abstimmen lässt, scheint die Nüchternheit bei einigen Besuchern wieder eingekehrt zu sein. Die meisten Hände stimmen für den Misserfolg, einige bewerten den Gipfel positiv, viele aber stimmen auch gar nicht ab.

Zum Abschluss von Merkels Besuch auf dem Kirchentag wird noch ein Lied gesungen, Angela Merkel singt mit. Das Fest ist aus, der Alltag ist zurück. Politik scheint mehr und mehr zwischen Ereignis und Handlung zu pendeln. Die Wahrnehmung politischen Tuns wird dann von »Events« bestimmt, die eigentliche Arbeit aber entzieht sich oft der Bewertung.

Das Jahr 2007 ist ein Merkel-Jahr. Als Weltpräsidentin wird die deutsche Kanzlerin gefeiert, die als Vorsitzende der G8-Staaten den Gipfel der führenden Industrienationen und Russland im Ostseebad Heiligendamm leitet. Gleichzeitig hat sie sechs Monate lang die EU-Präsidentschaft inne und führt die Europäische Union aus einer schweren Krise, indem sie den Verfassungsprozess wiederbelebt und in einer nächtlichen Pingpong-Diplomatie in Brüssel die Polen wieder zurück ins europäische Boot zerrt. Dieser Erfolg verdunstet dann zwar 2008 durch das Nein der Iren zum neuen Vertragswerk, doch das schmälert Merkels Geschick im Jahr zuvor nicht. Es ist das Jahr, in dem sie sich vom innenpolitischen Gezänk in der Großen Koalition absetzen kann und auf internationaler Bühne Kanzler-Profil gewinnt. Die internationale Bühne wird ihr Wohnzimmer. Mit der Klimaschutzpolitik drückt sie sowohl der europäischen Staatengemeinschaft als auch den großen Acht mit Amerika, Japan, Kanada und Russland ihr persönliches Schwerpunktthema auf. Seitdem macht das Wort von der Klimakanzlerin die Runde, das von Kritikern gleichwohl als Maskerade beschimpft wird, da sie nicht genug erreiche.

Schon 2007 liefert dafür das passende Bild. Mit der knallroten Jacke der »Deutschen Gesellschaft zur Rettung Schiffbrüchiger« bekleidet, spaziert sie durch das nicht mehr ganz so ewige Eis Grönlands. Die Fotos dieser kurzen Reise der Kanzlerin, die sich vor Ort ein Bild machen will und mit dem Schiff durchs Packeis kreuzt, begründen ihr Image als Klimakanzlerin. Wie kam sie zu dem Thema? Stand es einfach auf der Tagesordnung? Es ist anders. Wohl kaum ein anderer aktiver deutscher Politiker mit Regierungsverantwortung bearbeitet die Fragen des Klimaschutzes schon so lange wie Angela Merkel.

Am 16. März 1995 spricht sie zum ersten Mal im Bundestag zum Klimaschutz. Es ist verblüffend, wie sich die Themen, die sie während ihrer Ministerzeit in den zwei Kohl-Kabinetten beschäftigt haben, durch ihre politische Biografie ziehen und in ihrer Kanzlerschaft sogar zentral werden. Neben dem Klimaschutz zählen die Familienfrage und die Fragen des Lebensschutzes zu ihren Themen. Schon vor Beginn ihrer politischen Karriere – beispielsweise in den Gesprächskreisen während ihrer Studienzeit in Leipzig und in der Evangelischen Studentengemeinde - waren vor allem Umweltthemen, Fragen nach internationaler Gerechtigkeit und der Themenkreis Krieg und Frieden aktuell. Gerade die Umweltszene war eine wichtige Keimzelle der DDR-Opposition.

2004, ein Jahr vor ihrer Kanzlerschaft, nennt sie die »Berliner Erklärung«, die auf der internationalen UNO-Klimakonferenz 1995 in Berlin verabschiedet wurde, ihren bis dahin größten politischen Erfolg. Als junge Ministerin mit wenig Erfahrung im Umweltbereich sitzt sie der Runde mit 130 Staaten vor. Vermutlich ist es die erste Präsidentschaft in ihrem Leben, die sie zu einem Erfolg führt, der heute zwar kaum bekannt, aber allgegenwärtig ist. Das amerikanische *Time-Magazin* tauft sie im Rückblick »Heldin der Umwelt«. Die »Berliner Erklärung« macht das Kyoto-Protokoll möglich, das 1997 zum ersten Mal verbindlich die Reduktion des klimaschädlichen Treibhausgases festschreibt und die Staaten zur Minimierung des Kohlendioxyd-Ausstoßes verpflichtet.

»Ohne Merkel gäbe es Kyoto nicht«, wird ein Vertreter der amerikanischen Clinton-Regierung zitiert. Das Berliner Treffen ist die erste UN-Klimakonferenz, die nach dem Rio-Abkommen von 1992 vereinbart wurde. Ein Erfolg scheint damals mehr als unsicher. Es wird von einem Verhandlungsmarathon berichtet, bei dem Merkel nachts einmal unter Tränen fast resigniert haben soll. Ein Zuspruch ihrer damaligen und heutigen Büroleiterin Beate Baumann (»Nun reißen Sie sich mal zusammen!«) habe sie wiederaufgerichtet. Sie erreicht eine Einigung auch deshalb, weil sie als Vertreterin Deutschlands zusagt, eine Vorreiterrolle zu übernehmen. Deutschland wolle unter den Industrienationen den größten Anteil der Treibhausgase abbauen. Sie habe ein ungeheuer großes Verlangen nach Erfolg, so ein Tagungsteilnehmer damals.

Im Bundestag erklärt sie in ihrer Rede am 16. März 1995, warum gerade der Klimaschutz der »wesentliche Teil« des Umweltschutzes sei. Das ist zu dieser Zeit keineswegs Konsens, schon gar nicht bei der Union. Die Erderwärmung sei zu 95 Prozent von Menschen verursacht, deswegen müsse gehandelt werden, so Merkel. »Wir können nicht warten, bis alle komplizierten wissenschaftlichen Vorgänge geklärt sind.« Nach 14-tägigen Verhandlungen führt Merkel das Großtreffen in Berlin zu einem Ergebnis. Unter anderem wird vereinbart, dass Bonn ständiger Sitz des Klimabüros der Vereinten Nationen wird. Doch auch Kritik bleibt nicht aus. Ausgerechnet der Vertreter des Vatikans nennt die Vereinbarungen »mager«, da die Sorgen kleiner Entwicklungsländer, vor allem kleiner Inselstaaten, zu wenig berücksichtigt worden seien.

2007 verhandelt die gleiche Angela Merkel in Heiligendamm mit den Vertretern der G8-Staaten über ein Mandat für das Kyoto-Folgeprotokoll. Ihr Ergebnis wird wieder von einigen als »mager« bezeichnet. Doch wie damals, erringt sie auch dieses Mal ein Mandat, das unter dem Dach der UN verhandelt werden kann. Dieses Mandat trotzt sie dem scheidenden US-Präsidenten Bush ab, der sich standhaft geweigert hatte, das Kyoto-Protokoll zu akzeptieren. Der Wechsel im Weißen Haus und die veränderte Klimapolitik des neuen Präsidenten Barack Obama, machen das Ergebnis von Heiligendamm noch wertvoller, als es auf den ersten Blick scheint.

Angela Merkel erinnert sich an die Konferenz von 1995: »Für mich war die Berliner Konferenz auch eine erste große Begegnung mit allen möglichen Facetten dieser Welt: die Umweltprobleme, der Reichtum, die Armut, Entwicklungsländer, Europäische Union – was auch immer. In den vierzehn Tagen der Konferenz habe ich mir bei allen Teilnehmern ein Vertrauen erworben, das dazu beigetragen hat, dass am Ende ein gutes Ergebnis stand. Das empfinde ich als eine meiner besten Leistungen.«

Helmut Kohl hatte ihr nach der Bundestagswahl 1994 zur Überraschung vieler Beobachter und wohl auch zu ihrer eigenen Verwunderung das weitaus wichtigere Umweltressort im Vergleich zum Frauen- und Jugendministerium angeboten. Sie sagte selbstverständlich zu, eine Absage wäre auch schwer möglich gewesen, meint sie später. Vor allem aber sah sie das Umweltministerium als Chance, ihre persönliche Qualifikation als promovierte Physikerin besser für die Politik nutzbar zu machen. Außerdem erkannte sie, dass sie nach den Abtreibungs- und Gleichberechtigungsdebatten wieder ein für die CDU/CSU schwieriges Fach übernehmen würde, da Umweltpolitik noch nicht in der Seele der Partei angekommen schien.

Sie selbst analysiert ihre frühen Erfahrungen mit den Reizthemen der Union bei einem Vortrag 2005 vor der Katholischen Akademie in München: »Da ich die Freude hatte, im Rahmen der Union und der CDU unter Bundeskanzler Helmut Kohl sowohl Frauen- als auch Umweltministerin zu sein, kenne ich die Gebiete, in denen sozusagen auch die CDU sich schwertut, auf alle Fragen Antworten zu finden. Viele Fragen wurden deshalb immer schon als respektlos qualifiziert, damit man sich mit ihnen gar nicht mehr befassen musste. So etwas führt immer dazu, dass Volksparteien schrumpfen und sich nicht ausweiten. Deshalb heißt es nicht, dass man beliebig alles richtig findet. Aber es heißt auch, dass man sich seiner Antworten immer wieder vergewissert. Antworten müssen auch in neuen Zeiten immer wieder Bestand haben.« In der Rede in München bezieht sie sich auf die Familienpolitik. Gleiches gilt für die Umweltpolitik und Frauenpolitik und schließlich auch für die Zuwanderungspolitik.

In allen diesen Bereichen hat Angela Merkel die Union programmatisch verändert, teilweise im Widerspruch zu kirch-

lichen Positionen wie bei der Frage frühkindlicher Kinderbetreuung, teilweise im Sinne der Kirchen wie bei der Zuwanderungspolitik.

Außergewöhnlich viele Kirchentermine habe sie als
Umweltministerin absolviert, berichtet ein Redenschreiber
von einst über Merkels Zeit im Umweltministerium. Sie habe
versucht, dort den Draht zu halten. Gleichwohl gibt es auch
viele kritische Stimmen gerade aus diesem christlichen Spektrum.

Als sie ihr Ministerium 1998 an die rot-grüne Regierung
und Minister Jürgen Trittin übergeben muss, sind die sogenannten Energiekonsensgespräche um die Zukunft der Kernenergie bereits gescheitert. Kanzler Schröder kann nun den
Ausstiegsbeschluss verhandeln mit langen Restlaufzeiten für
die bestehenden Meiler. Das ist vor allem vielen Grünen zu
wenig, die Ökopartei erlebt in der Folge deswegen eine schwere
Krise. In der Union ist zu hören, tatsächlich sei der Entwurf für
die Einigung mit der Industrie schon unter Merkel erarbeitet
worden. Rot-Grün habe es nicht geschafft, einen schnelleren
Ausstieg zu erreichen.

Gut zehn Jahre später vollzieht die Regierung Merkel nach
der Reaktorkatastrophe von Fukushima am 11. März 2011 die
vielleicht schnellste Kehrtwende der deutschen Politik. Die
erst im Herbst zuvor beschlossene Verlängerung der Laufzeiten
deutscher Atomkraftwerke wird in einer Blitzaktion im ersten
Halbjahr 2011 zunächst unterbrochen, dann aufgehoben. Die
CDU-FDP-Regierung räumt mit einem Thema auf, das wie
kaum ein anderes die Gesellschaft polarisiert hat, und sie
erklärt das atomare Zeitalter in Deutschland – in absehbarer
Zeit – für beendet. Daraus ergibt sich ein diffuses Bild von
Merkels Mission in dieser Frage.

Schon vor der Wahl 2009 kündigen CDU und FDP an, das unter der rot-grünen Bundesregierung beschlossene Ausstiegsszenario verändern zu wollen. In der laufenden Großen Koalition ist eine Veränderung nicht möglich, also wird das Thema zum Identitätsmerkmal des dann folgenden bürgerlichen Bündnisses geadelt. Nach einem schwachen Start soll 2010 im »Herbst der Entscheidungen« mit der konfliktträchtigen Angelegenheit bei den eigenen Anhängern gepunktet werden.

Merkel, die sich mit der Kernenergie seit ihrer Zeit als Umweltministerin beschäftigt, will die Verlängerung der Laufzeiten aber nicht nur als wirtschaftspolitisches Signal verstanden wissen, sondern auch als umweltpolitisches Manöver. Dazu gehört, dass am Ausstieg der Kernenergie festgehalten werden soll, nur die »Brücke« hin zu den erneuerbaren Energien müsse verlängert werden. Die »Klimakanzlerin«, die als mediales Klischee in Vergessenheit zu geraten schien, will nun die Laufzeitverlängerung als Klimaschutzprogramm verkaufen. Da weniger Kohle- und Gaskraftwerke gebraucht würden, könne damit der CO_2-Ausstoß verringert werden. Die Ziele des Klimaprotokolls von Kyoto, an dessen Vorgeschichte sie beteiligt war, seien die Richtschnur ihrer Politik.

Ein halbes Jahr später gilt dies alles für Angela Merkel nichts mehr. Oder fast nichts mehr. Die japanische Katastrophe habe die Welt verändert. Sie sei persönlich ergriffen von der Tatsache, dass Restrisiken auch in einem »Hochsicherheitsland« tatsächlich eintreten könnten. Deswegen sei Atomenergie auch in Deutschland nicht mehr vertretbar. Merkels Argumentation ist recht schwach für diese 180-Grad-Wende mit quietschenden Reifen. Zumal in der öffentlichen Wahrnehmung der Verdacht der Opportunitätserwägung grassiert. Vor der schicksalhaften Baden-Württemberg-Wahl am 27. März 2011 muss Merkel das

Ruder noch herumreißen, um nicht gänzlich unterzugehen im allgemeinen Anti-Atom-Mainstream.

Die CDU-Regierung in Stuttgart kippt dennoch, ein historischer Fall, im Stammland der CDU sitzt die Partei Späths, Teufels und Oettingers eine Legislaturperiode auf den Oppositionsbänken. Obwohl Amtsinhaber Stefan Mappus noch ein relativ gutes Ergebnis erzielt, verliert Merkel mit ihm wieder einmal einen ihrer Landeschefs. Mappus hatte zuvor alles auf die konservative Profilierungskarte gesetzt und die Atomfrage zum Markenkern der Union aufgewertet. Diese politische Inszenierung gipfelt im Angriff auf den damaligen Bundesumweltminister Norbert Röttgen (CDU). Der solle wegen seines atom-kritischen Kurses zurücktreten. Am Ende ist es dann Mappus, der abgewählt wurde. Angela Merkel bleibt in der Mitte. Doch der Glaubwürdigkeitsverlust nagt an ihr.

Der damalige Bundesumweltminister Norbert Röttgen hat dann für einige Zeit die Deutungshoheit. Er führt gerne den christlichen Terminus der »Bewahrung der Schöpfung« an, wenn es seine Umweltpolitik zu begründen gilt. Als dann auch noch der Papst im Bundestag ein Loblied auf die Ökologie-Bewegung, leise in der Akustik, aber deutlich in der Wortwahl, anstimmt, scheint das Glück einer neu formierten Unionslinie perfekt. Und die Wähler tragen den Schwenk offenbar mit.

Die Atomfrage gilt, ähnlich wie zuvor die Fragen der Wehrpflicht, die Westbindung und Wirtschaftspolitik in der Union als unverrückbar, ihnen kommt denen deswegen identitätsstiftende Bedeutung zu. Ob sie nun mit der Aufgabe bestimmter Positionen dieses Zentrum der Partei wegreiße, wird Merkel von TV-Moderator Günther Jauch gefragt. Natürlich nicht, antwortet sie. Nur ändere sich die Welt, und deswegen müsse man eben auch Ansichten und Lösungsangebote ändern. Sie habe die Wehrpflicht »geliebt«, dennoch sei es falsch, an ihr festzuhalten. Für andere Fragen gelte Ähnliches. Das sei keine Anpassung an den Zeitgeist, sondern Problemlösung. Nur: Eine eigene Agenda, eine Mission gar, lässt sich daraus nicht erkennen. Oder?

Als Angela Merkel im Bundestag ihre Regierungserklärung zur Energiewende abgibt, hört sich diese so beiläufig an, als ob es um die Novellierung einer beliebigen Verordnung gehe. Kein Pathos, keine Beschwörungsformeln, kein größerer Zusammenhang. Nur eben die Erklärung, Fukushima habe die Welt verändert. Wahrscheinlich werden die meisten Deutschen, auch die CDU-Anhänger, eher froh sein über diese Wende. In der CDU rumort es zwar an einigen Ecken, aber viele Mitglieder sagen auch, sie seien erleichtert. Bei Wahlkämpfen auf den Marktplätzen der Republik Kernkraftwerke zu verteidigen, gehört schon seit längerem zu den härteren Aufgaben der politischen Graswurzel-Arbeit. Dass es damit vorbei ist, finden schon viele gut. Der Tenor in den Ortsverbänden: Wenn nur die Wirtschaft es verkraftet. Gelingt Angela Merkel tatsächlich die grüne Wende der schwarzen Partei, kommt Deutschland ohne Stromausfälle und ohne allzu großen Ankauf von Atomstrom über die Runden, dann wird im Rückblick doch eine Merkel'sche Mission daraus. Nur dass sie es nie so laut gesagt hat.

Eine besondere Variante Merkel'scher Politik ist die »Ethikkommission«, die die Kanzlerin zur Flankierung der Energiewende eingesetzt hat. Unter anderem gehören ihr der Münchner Kardinal Reinhard Marx an und der Präsident des Zentralkomitees der deutschen Katholiken (ZdK), Alois Glück. Die 17 Mitglieder kommen schließlich Ende Mai 2011 zum Ergebnis, dass ein Atomausstieg in zehn Jahren ethisch geboten sei. »Deutschlands Energiewende – ein Gemeinschaftswerk für die Zukunft« heißt das Werk der erlauchten Politikberater unter Vorsitz von Klaus Töpfer, einst Umweltminister unter Helmut Kohl. So organisiert man Rückenwind. Die Bundesregierung beschließt nahezu zeitgleich ein ähnliches Ausstiegs- und Umstiegsszenario, so dass der Kommission nur bleibt, ethisch zu beglaubigen, was ohnehin passieren soll. Doch trotz Kritik an dem Vorgehen gelingt Merkel mit dem Manöver eine Überhöhung ihrer eigenen Kehrtwende. Im Bundestag stimmen schließlich auch die Grünen der neuen Regierungspolitik zu, so dass Merkel für eines ihrer zentralen Projekte eine überaus breite Mehrheit im Bundestag zustande bringt.

Ähnliches gelingt ihr im Herbst 2011 noch einmal. Ist Konsens eine Art Mission bei Merkel? So stark auch die Angriffe auf sie sind, so breit ist bisweilen die Zustimmung für ihre Konzepte. Das gilt bei der Familienpolitik, bei der Wehrpflicht, bei der Außenpolitik. Manche meinen allerdings spöttisch, dies sei zu wenig, um als »großer Kanzler« in die Geschichte einzugehen.

Kapitel 3

Das »C« und die Machtfrage

Der Islam und die Zuwanderung

Merkels öffentliche Auftritte hinterlassen oft eine gewisse Enttäuschung beim Zuschauer, weil sie Erwartungen konsequent ignorieren, ihnen sogar bewusst entgegenlaufen. Es scheint fast so zu sein, dass die Kanzlerin ihr Erfolgsgeheimnis darin sieht, nicht auf den öffentlichen Effekt, schon gar nicht auf die rhetorische Karte zu setzen, im Gegenteil diese geradezu stoisch zu ignorieren. Weder Bundestagsreden in aufgewühlten Zeiten, noch Fernsehinterviews, die etwa während der Flüchtlingskrise zu einem möglichen Befreiungsschlag stilisiert wurden, erfüllen im Geringsten diese Funktion.

Als Bundeskanzler Gerhard Schröder seine Agenda-Reformen ankündigte, war die Bundestagsrede dazu ein fulminanter Aufschlag. Schröder, aber auch Kohl, verstanden es, mit Reden zu handeln. Kaum eine einzige Merkel-Rede im Deutschen Bundestag ließe sich so beschreiben, weder bei der Euro-Rettung noch beim Ausstieg aus der Kernenergie, auch nicht in der Flüchtlingskrise. Diese widerborstige Art charakterisiert

Merkels Stil. Ihre Kommunikation bündelt sich dann in dem Satz: »Sie kennen mich.« Alles ist für sie gesagt, gerade wenn alle das Originelle, Zugespitzte, Kämpferische erwarten. Das Verblüffende ist: Dadurch, dass die großen Auftritte oft entgegen der Erwartung laufen, sind die kleinen Auftritte bisweilen umso pointierter.

Die Flüchtlingskrise hat die Debatte um die Integration von Migranten, aber auch um den Islam in Deutschland neu belebt. Der Themenkomplex ist einer der Sensibelsten vor allem für die angestammte Wählerklientel der Union – und zeitweise dominiert er alles andere. Eine kleine Szene ausgerechnet im fernen Basel wirft dabei einen besonderes Licht auf Merkels Versuch, das Thema einzuhegen.

Anfang September 2015 reist sie in die Schweiz, um den Ehrendoktortitel der Universität Bern entgegenzunehmen. Zuerkannt worden war ihr die Auszeichnung schon 2009, nur abgeholt hatte sie die Urkunde noch nicht. Auch hier macht nicht die Rede, sondern die anschließende Fragerunde die Schlagzeilen. Das Video der Szene ging schließlich im Netz herum und verbreite sich rasant.

Eine Teilnehmerin stellt die Frage, wie die Bundeskanzlerin auf die drohende Islamisierung Europas reagieren wolle? Eine vertrackte Frage, denn sie stellt eine Annahme in den Raum, die Merkel nicht unbedingt teilt. Doch die »drohende Islamisierung« einfach zu leugnen, würde wiederum ihren Gegnern innerhalb wie außerhalb ihrer Partei bis hin zur AfD zu sehr in die Hände spielen. Sie dreht also die Blickrichtung um, sie schaut sich die Situation von der anderen Seite an. Eine verblüffende Methode, die wohl viel verrät über ihre Art Politik zu machen.

Ihre Antwort beginnt so: »Wir haben doch alle Chancen und Freiheiten uns zu unserer Religion, sofern wir sie ausüben und an sie glauben, zu bekennen. Und wenn ich was vermisse, dann ist es nicht, dass ich jemandem vorwerfe, dass er sich zu seinem muslimischen Glauben bekennt, sondern haben wir doch den Mut zu sagen, dass wir Christen sind, haben wir doch den Mut in einen Dialog einzutreten. Haben wir dann aber auch bitteschön die Tradition wieder in den Gottesdienst zu gehen und ein bisschen bibelfest zu sein und vielleicht ein Bild in der Kirche erklären zu können.«

Sie hat das ähnlich auch schon mal auf einem Kirchentag formuliert. Mehr in die Kirche gehen als bestes Gegenmittel gegen Islamisierung. Doch sie präsentiert diese Idee auf keiner großen Parteitagsrede, sie versteckt sie immer wieder hier und da in fast ungelenken Schachtelsätzen. Ihre Parteitagsreden sind unangreifbar, fast aseptisch rein. Die zugespitzte Denkweise der Kanzlerin muss man in Schnipseln suchen.

In Basel sagt sie weiter: »Wenn Sie mal in Deutschland Aufsätze schreiben lassen, was Pfingsten bedeutet, dann würde ich mal sagen, ist es mit der Kenntnis über das christliche Abendland nicht so weit her. Und sich dann darüber beklagen, dass sich Muslime im Koran besser auskennen, das finde ich dann irgendwie komisch.«

Das könnte der Kern eines Debattenaufschlags zur Deutschen Leitkultur sein, wie ihr Innenminister Thomas de Maizière ihn im Frühjahr 2017 angezettelt hat. Man stelle sich solche Sätze in einem *Bild*-Interview vor. Doch da sucht man sie vergeblich. Auch könnte sie zum Thema Islam eine politische Initiative ergreifen, wie es CDU-Querdenker und bisweilen Quertreiber Jens Spahn mit seinem Islamgesetz im April 2017 getan hat – viel Kritik und Prügel inklusive. Doch in derartige Gefahrenzonen begibt sie sich nicht. Vielmehr streut sie ihre Anregungen beiläufig und schließt in Basel mit den Worten:

»Vielleicht kann die Debatte dazu führen, dass wir uns wieder mit unseren eigenen Wurzeln befassen und mehr Kenntnis darüber haben. Insofern ist diese Debatte mir zu defensiv. Gegen Terrorismus muss man sich wappnen. Aber unsere Geschichte ist reich an gruseligen Auseinandersetzungen, da gibt es keinen Anlass zu Hochmut. Das sage ich jetzt als deutsche Bundeskanzlerin.«

Innerparteilich hat Merkel immer wieder schwere Zeiten zu durchleiden. Doch so stark wie sie 2015 und 2016 unter Beschuss gerät, hat sie es zuvor kaum erlebt. Die Eckpunkte dieser Krise sind ein bei manchen Menschen als »Staatsversagen« empfundene Situation infolge des starken Anstiegs von nach Deutschland einreisenden Flüchtlingen vor allem über die Österreichische Grenze. Über die so genannte Balkan-Route kommen Flüchtlinge aus dem Kriegsgebiet Syrien, aber eben auch Migranten aus den Balkanländern, aus Afghanistan und Afrika. In Deutschland gibt es auf der einen Seite eine große Bereitschaft zu helfen und auf der anderen Seite eine Skepsis, ob dieser Zuzug gerechtfertigt wäre.

Vor allem die Menschen, die offenkundig nicht aufgrund des Bürgerkriegs in Syrien kommen, werden skeptisch betrachtet. Merkels so genannte Grenzöffnung wird als Abkehr von ehernen Grundsätzen betrachtet. Ihre Gegner werfen ihr vor, Staatsvolk, Staatsgebiet und Staatsgewalt, die Säulen, die per Definition einen Staat ausmachen, infrage zu stellen.

Schließlich als drittes Krisenmoment wird die wachsende Zahl der Muslime gesehen, weil deren Integration schwierig werde und zudem die ungelöste Frage des islamistischen Terrorismus mit aufwerfe. Dass unter den Flüchtlingen auch Terroristen sind, dass auch - etwa bei den Silvester-Ausschreitungen 2015 in Köln - offenbar besonders Flüchtlinge bei den Übergriffen auf Frauen beteiligt sind, wird zum Brandbeschleuniger einer Anti-Merkel-Stimmung, die sich verhalten bis wütend innerhalb der CDU, laut und offensiv in der AfD und in AfD-nahen Kreisen artikuliert. Plötzlich finden sich manch konservative Kritiker der Kanzlerin, die früher das mangelnde »C« bei ihr beklagt hatten, nun doch in anderer Gesellschaft wieder, die mangelnde »nationale Interessen« bei Merkel sehen.

Das Migrations-Thema allerdings begleitet Merkel schon seit Beginn ihrer Zeit als CDU-Chefin. Vielleicht ist die Neuorientierung in der Ausländer-Thematik sogar die Mutter aller »Modernisierungen« der Ära Merkel. Gleich nach ihrer Wahl zur Bundesvorsitzenden im Jahr 2000 ruft sie eine Kommission unter Führung des Saarländers Peter Müller ins Leben, der ein neues Konzept für eine CDU-Zuwanderungspolitik schreiben soll. Wie kaum ein anderes Thema ist dieses in der Union von inneren Sprachverkrampfungen und Denkbarrieren umstellt und innerparteilich äußerst kontrovers konnotiert.

1999 noch hatte der hessische Ministerpräsident Roland Koch die Landtagswahl unter anderem mit der hoch umstrittenen Kampagne gegen die doppelte Staatsbürgerschaft gewonnen. Dabei wurde ihm der Vorwurf gemacht, Ausländerfeindlichkeit zu schüren. Die rot-grüne Bundesregierung wollte das Staatsbürgerschaftsrecht ändern, Koch bediente die konservativen Sorgen und konnte so die CDU-Klientel mobilisieren. Die CDU befand sich im Zwiespalt, einerseits nicht auf die rot-grüne Linie von Multi-Kulti einschwenken zu wollen, andererseits aber nicht in die rechte Ecke gedrängt zu werden. Kochs Wahlkampfstrategie hatte auch die CDU innerparteilich polarisiert. Dass ausgerechnet die prominente CDU-Politikerin Rita Süssmuth dann für die rot-grüne Bundesregierung die Zuwanderungskommission leitete, zeigt, wie die Modernisierer in der CDU fürchteten, in der Opposition gegen die innerparteilichen konservativen Profilierer nicht ankommen zu können.

Doch nutzt Merkel ausgerechnet dieses Thema, um für die von Schäuble und anderen mitgetragene Veränderung der CDU einen sehr vernehmbaren Anfangsakkord zu setzen. Bei seiner Rede auf dem kleinen Parteitag der CDU am 7. Juni 2001 in Berlin-Köpenick geht Peter Müller auf die innerparteilichen Sorgen ein. Gerade dieses Thema werde die CDU zerreißen, sei er gewarnt worden. Die Partei könne hier nicht zu einheitlichen Positionen kommen. Das Konzept, das dann verabschiedet wird, gleicht die unterschiedlichen Meinungen dadurch aus, dass zwar einerseits Zuwanderung als Faktum anerkannt wird und auch vom »Zuwanderungsland Deutschland« gesprochen werden kann - in der CDU lange ein Tabu. Aber andererseits wird Zuwanderung zugleich als etwas beschrieben, das sich an deutschen Interessen auszurichten habe. Zuwanderung als etwas, das gestaltet wird, um etwa dem demografischen Wandel entgegenzutreten.

Für Ausländerfeindlichkeit sei in der CDU kein Platz, das ist die eine Leitplanke, die Müller setzt. Die andere lautet: Die Integrationsfähigkeit der Gesellschaft müsse Maßstab für die Zuwanderung sein. Das Konzept wird schließlich von allen akzeptiert. Sogar der damalige Innenminister Brandenburgs Jörg Schönbohm, der später immer wieder als Modernisierungs-Kritiker hervortritt, gibt dem Konzept seinen Segen. Der ehemalige Generalleutnant und zeitweilige Innensenator von Berlin fasst auf dem Kleinen Parteitag die neue Linie der Partei in gutem Oppositionsdeutsch zusammen: »Wir sind ein weltoffenes und tolerantes Land, aber wer zu uns kommt, muss wissen: Er kommt nach Deutschland und nicht ins Multikulti-

Phantasialand.« Wenige Wochen nach dem Köpenicker Beschluss der CDU schlagen die Flugzeuge ins New Yorker World-Trade-Center ein – und die Welt wird eine andere.

Die CDU kann aus der neu formulierten Haltung eine Auseinandersetzung mit dem islamistischen Terrorismus beginnen, die nicht mehr allein den alten Reflexen folgt. Wie sehr die Frage der Integration und des Zusammenlebens mit Muslimen in Deutschland noch den Nerv der CDU-Basis trifft, zeigen beispielsweise die Auseinandersetzungen um die Moscheebauten in Köln, Duisburg oder Berlin-Heinersdorf. Als die Ahmadiyya- Gemeinde Anfang 2006 ankündigt, in Heinersdorf im Berliner Bezirk Pankow eine Moschee bauen zu wollen, erfassen und zerrütten die Proteste auch die CDU.

Merkel, gerade Bundeskanzlerin geworden, macht die Integrationsthematik zur Chefsache. Die CDU-Politikerin Maria Böhmer wird Staatsministerin für Integration, Schäuble plant die erste Islamkonferenz. Armin Laschet - jetziger Ministerpräsident in Nordrhein-Westfalen – ist Düsseldorfs erster Integrationsminister einer CDU-geführten Landesregierung unter Jürgen Rüttgers. Er sorgt dafür, dass die neue Integrationspolitik auch einen neuen Stil bekommt. Er stellt Mitarbeiterinnen mit Migrationshintergrund ein und lädt die Berliner Journalisten zu einer Pressekonferenz in eine türkische Teestube in Kreuzberg ein. Auf Knien hockend erklärt Laschet den Medien wie die »C«-Partei mit der Integrationspolitik zu punkten gedenke. Doch auf manche Ortsunion machte die neue Performance keinen Eindruck.

Ohne Zweifel hat Angela Merkel die Union verändert, aber das ist nicht ihr Alleinstellungsmerkmal. Auch Helmut Kohl war als Modernisierer angetreten und hat aus einer behäbigen Honoratiorenpartei Anfang der 70er-Jahre eine Mitgliederpartei gemacht, die zeitweise an Größe sogar die SPD überflügelt hat. Nur in einer falschen Rückschau kann Kohl als der Konservative und Merkel als die Revolutionärin erscheinen. Ebenso gilt das bei Fragen der Religion – und besonders beim namensgebenden »C«.

»C«-Debatten, die um das Christliche im Parteinamen kreisen, sind in der Union nichts Neues. Auch Profildebatten und Auseinandersetzungen um das Konservative kennt die Partei seit Adenauers Zeiten. Der Politologe Udo Zolleis beschreibt etwa einen Streit um das »C« in den 60er-Jahren. Schon damals gibt es ein »massives Unbehagen« über angebliche »Entideologisierung und Liberalisierung« der Partei. Die Beziehungen zwischen Partei und der katholischen Kirche hätten ihren »Tiefststand« erreicht, wird damals konstatiert.[58]

Doch eine derart heftige »K«-Debatte, also die Debatte um das Katholische in der Partei, wie sie im Jahr 2009 abläuft, hat es vielleicht doch noch nie zuvor in der Union gegeben. Hat das Katholische noch seinen rechten Platz in der Union? Verliert die Partei, die doch stark durch den Katholizismus, besonders den rheinischen, geprägt war, ihren Kern? Auslöser für die Diskussion ist eine eigentlich recht kurze und möglicherweise halb spontane Äußerung der Bundeskanzlerin bei einer Pressekonferenz am 3. Februar 2009. Die sogenannte Papstkritik, die in der Folge das ganze Jahr hindurch Wellen schlägt, fällt in einer Weise auf, wie es Angela Merkel eher nicht erwartet oder gar beabsichtigt hat. Diese Papstkritik holt sie dann immer mal wieder ein, sie gilt lange Zeit als imaginärer Schalter, den es nur zu drücken gilt, wenn Kritik an Merkel aufleuchten soll.

Die Papstkritik ist der Höhepunkt einer kriselnden Stimmung in einem katholischen Teilmilieu, der Jahre anhält. Kardinal Joachim Meisner ist der prominente Exponent dieser

Kritiker. Allen voran ist es Kölns Erzbischof, der Merkel als Person – und am liebsten auch der ganzen Partei – das »C« absprechen will. Meisner, aus dem Osten wie Angela Merkel, greift die Protestantin aus Brandenburg früh an. Die Abtreibungsgesetzgebung, die Haltung zur Homosexualität, zur Embryonenforschung sind einige inhaltliche Punkte, die für ihn Anlass zu teilweise polemischer Kritik sind. Via *Bild*-Zeitung kritisiert er auch, dass Merkel geschieden ist und mit ihrem neuen Partner unverheiratet zusammenlebt. Doch sie wehrt sich. Vor diesem Hintergrund kommt es also zur Krise.

Im Kanzleramt gibt es im 1. Stock die Stehpulte für kurze Pressestatements. Fahnen stehen daneben, die deutsche, die europäische und eine dritte, falls ein Gast erwartet wird. An diesem Dienstag im Februar hängt dort ausgerechnet die kasachische Flagge. Fernsehkameras sind aufgebaut, der obligatorische Fotografenpulk hält die Apparate im Anschlag, als die Kanzlerin zusammen mit Nursultan Äbischuly Nasarbajew, Präsident Kasachstans, auf die Pulte zumarschiert. Sensationelles erwartet keiner. Nach den üblichen Erklärungen haben die anwesenden Journalisten Gelegenheit für Fragen.

Manchmal kommt es im hektischen Berliner Getümmel vor, dass jemand die Situation nutzt und die Kanzlerin auf irgendein anderes Thema anspricht, das mit dem Gast nichts zu tun hat - weil sie nun gerade da ist und die Gelegenheit günstig erscheint. So passiert es an diesem Tag. Merkel wird nach ihrer Meinung zu den Vorgängen in Rom befragt.

Ende Januar nimmt Papst Benedikt XVI. vier Bischöfe der traditionalistischen Pius-Bruderschaft wieder in die Kirche auf, darunter auch Bischof Richard Williamson. Dieser provoziert Tage zuvor mit einem Interview, in dem er den millionenfachen Mord an den Juden während der Nazidiktatur leugnet.

Über die Angelegenheit entbrennt eine breite Debatte, auch darüber, ob und wann der Vatikan von dem Interview wusste und ob sich der Papst richtig verhalten habe. Es gibt bereits Kritik am vatikanischen Vorgehen, auch aus den Reihen der Bischöfe. Der Papst selbst spricht bei seiner Generalaudienz am Mittwoch zuvor ebenfalls darüber.

Das ist alles schon ein paar Tage her, als Angela Merkel nun um ein Statement gebeten wird. Sie sagt wörtlich in die Kameras: »Ich glaube, es ist schon eine Grundsatzfrage, wenn durch eine Entscheidung des Vatikans der Eindruck entsteht, dass es die Leugnung des Holocaust geben könnte, dass es um grundsätzliche Fragen des Umgangs mit dem Judentum insgesamt geht. Deshalb darf das nicht ohne Folgen im Raum stehen bleiben. Das ist nach meiner Auffassung nicht nur eine Angelegenheit der christlichen, der katholischen und jüdischen Gemeinden in Deutschland, sondern es geht hier darum, dass von Seiten des Papstes und des Vatikans sehr eindeutig klargestellt wird, dass es keine Leugnung geben kann und dass es natürlich einen positiven Umgang mit dem Judentum insgesamt geben muss. Diese Klarstellungen sind aus meiner Sicht noch nicht ausreichend erfolgt.«

Ihre Worte klingen umständlich, irgendwie geplant und improvisiert zugleich. Sie weiß, dass sie in diesen Tagen etwas sagen will, nur genau für diese Pressekonferenz legt sie sich die Sätze vielleicht nicht zurecht. Der Ärger über ihre Intervention ist groß, Bischöfe sind wütend, Kardinal Meisner fordert eine Entschuldigung der Bundeskanzlerin. Auch der Vatikan weist die Kritik zurück. In der CDU gibt es vorsichtige Zustimmung für Merkel, bei der CSU rührt sich Kritik. Noch nie habe ein Bundeskanzler den Vatikan und schon gar nicht den Papst in Person kritisiert, heißt es in den Medien.

Seit diesem Merkel-Statement gibt es keine Diskussion um das Christliche oder Konservative in der Union mehr, ohne dass das Stichwort »Papstkritik« fällt. Merkel versucht in der Folge, sich in der Sache zu verteidigen und im Atmosphärischen etwas wiedergutzumachen. Sie lobt und würdigt wiederholt den Papst, den Vatikan und die katholische Kirche, besucht katholische Akademien und katholische Verbände. Doch dieser »Sündenfall« bleibt in den Augen mancher eine gewisse Zeit unverzeihlich. Eine Krise eben.

Abgesehen davon, was er emotional auslöst, bleibt aber Merkels Kommentar in Richtung Rom tatsächlich auch in der Sache erklärungsbedürftig. Wie kommt es dazu? Im Vorfeld lässt sie wohl unterschiedliche Möglichkeiten ausloten. Fest steht für sie, dass sie in dieser Angelegenheit aktiv werden will. Wie bei kaum einem anderen Thema fühlt sie sich verpflichtet, gegen jegliche Verharmlosung des deutschen Menschheitsverbrechens vorzugehen. Sie spricht von der »Staatsraison«. Es gehe deswegen auch nicht um Religion oder die Kritik an einem Religionsführer, sondern um die politische Dimension. Sie verzichtet darauf, im Vorfeld ein Gespräch mit dem Papst zu suchen. Sich beiläufig am Rande einer Pressekonferenz zu dem Thema zu äußern, anstatt einen eigenen Termin anzuberaumen, scheint offenbar auch ihren Beratern ein gangbarer und diplomatisch akzeptabler Weg.

Doch der Kompromiss ist dann das eigentliche Desaster. Möglicherweise also kommt die Journalistenfrage beim Termin mit dem kasachischen Präsidenten der Kanzlerin gelegen. Möglicherweise formuliert sie dann aber nicht ganz genau und präzise. Denn der Kern der Verärgerung über ihre Äußerung lautet gerade, die Kritik lasse sich als persönlich an den Papst gerichtet lesen. Als »Ungeheuerlichkeit« wird gesehen, dass es so scheint, sie würde Benedikt XVI. persönlich vorwerfen, keine klare Haltung zum Holocaust zu haben. Dies wiederum stellt sich als besonders abwegig dar angesichts seiner Stellungnahme bei der Generalaudienz zuvor am 28. Januar. Es scheint geradezu, dass Merkel diese ignoriert, zumindest würdigt sie sie nicht ausdrücklich.

Mit allem Nachdruck bekundet Benedikt XVI. seine »unerschütterliche Solidarität« mit den Juden. Die Shoah sei eine »ständige Mahnung gegen das Vergessen, gegen das Leugnen und gegen das Verharmlosen«, so der Papstappell. Warum also will Merkel noch einmal eine Klarstellung? Einige Stunden vor der Generalaudienz kommt auch von Seiten der Traditionalisten das überfällige klärende Wort. Der Generalobere Bernard Fellay distanziert sich von seinem Mitbruder Williamson, der mit seinen Äußerungen die gesamte Gemeinschaft in Verruf gebracht habe.

Merkels Äußerung kommt also verspätet, meinen einige. Auch die deutschen Bischöfe sind in ihrer Haltung eindeutig. Der damalige Bischof Gerhard Ludwig Müller bekundet etwa die Erwartung, dass der Traditionalistenbischof sich von seinen »zutiefst menschenverachtenden« Äußerungen distanziere und sein Amt nicht mehr ausübe.

Am Tag nach Merkels Äußerung veröffentlicht der Vatikan dann eine umfangreiche Erklärung, die man im Kanzleramt gerne als Reaktion auf die Berliner Intervention liest. Darin heißt es: »Die Positionen von Bischof Williamson über die Shoah sind absolut inakzeptabel und werden vom Heiligen Vater entschieden zurückgewiesen, wie er selbst am 28. Januar bemerkte, als er mit Bezug auf jenen grausamen Völkermord seine volle und unbestreitbare Solidarität mit unseren Brüdern betonte, denen der Erste Bund galt, und bekräftigte, dass das die Erinnerung an diesen schrecklichen Völkermord die Menschheit dazu führen muss, über die unabsehbare Macht des Bösen zu reflektieren, wenn es das Herz des Menschen erobert'. Dabei fügte er hinzu, die Shoah bleibe für alle eine Mahnung gegen das Vergessen, gegen die Leugnung oder die Verharmlosung, weil die Gewalt gegen einen einzelnen Menschen Gewalt gegen alle ist'. Um eine Zulassung zu bischöflichen Funktionen in der Kirche zu erhalten, muss sich auch Bischof Williamson absolut unmissverständlich und öffentlich von seinen Aussagen zur Shoah distanzieren. Sie waren dem Heiligen Vater im Augenblick der Rücknahme der Exkommunikation nicht bekannt.«

Merkel bekommt dennoch international Unterstützung für ihre kritische Stellungnahme. Sie lobt ihrerseits in einer erneuten Wortmeldung die Erklärung des Papstes vom 4. Februar. Es sei ein wichtiges und gutes Signal, man sei nun »ein Stück weit vorangekommen«.

Doch die Debatte hatte sich gedreht. Dass Merkel den Papst auffordert, Dinge zu tun und dann auch noch kommentierend Handlungen des Papstes bewertet, wird ihr nun wiederum zum Vorwurf gemacht. Obwohl laut Umfragen die Mehrheit der Deutschen hinter Merkels Intervention steht und die Kritik für berechtigt hält, ist im Verhältnis der Kanzlerin zu den Katholiken nun nichts mehr wie vorher. Das Wort von der »Anti-Papst-Kanzlerin« macht die Runde, die für Katholiken nicht mehr wählbar sei. »Unbegreiflich und empörend«, kommentiert der Eichstätter Bischof Georg Maria Hanke Merkels Worte. Prälat Karl Jüsten, Leiter des Katholischen Büros in Berlin, erklärt, bei ihm würden sich Katholiken wie Protestanten melden, die Merkels Äußerung für unangebracht hielten.

Die Papstkritik wird eine politische Angelegenheit, die in die C-Parteien hineinwirkt. Georg Brunnhuber, damaliger katholischer Bundestagsabgeordneter und einst vom Merkel-Kritiker zum loyalen Berater mutiert, platzt dann doch der Kragen. In einem Zeitungsinterview durchbricht er die Phalanx der Merkel-Verteidiger in der Fraktion. »Viele CDU-Mitglieder halten die Einlassungen der Kanzlerin nicht für richtig«, sagt der Vorsitzende der mächtigen baden-württembergischen Landesgruppe. Auch Bundestagspräsident Norbert Lammert (CDU) verteidigt mehr den Papst, weniger die Chefin.

Eine Erklärung für Merkels Intervention in Sachen Papst und Bischof Williamson ist tatsächlich ihr besonderer Fokus auf das jüdische Volk und Israel. Angela Merkel widmet sich dieser Angelegenheit in besonderer Weise – vor und während ihrer Kanzlerschaft. Nach dem Irak ist der Iran aktuell die größte Bedrohung für Israel. Das dürfe nicht als »Privatproblem Israels« gesehen werden, erklärt Merkel Ende 2008 bei der Entgegennahme der Josef-Neuberger-Medaille der Jüdischen Gemeinde Düsseldorf.

Merkel hält im März desselben Jahres eine Rede vor dem israelischen Parlament. Sie ist die erste Regierungschefin überhaupt, die vor der Knesset sprechen darf, normalerweise wird diese Ehre nur Staatsoberhäuptern zuteil. »Wir lassen Israel nicht allein«, erklärt sie. Sie setze sich für entschiedene Sanktionen gegen den Iran ein, wenn der nicht im Atomstreit einlenke. Ohne diese besondere Aufmerksamkeit für das jüdische Schicksal hätte sie sich auch nicht am 3. Februar 2009 zu der Kritik an Papst Benedikt XVI. hinreißen lassen. Dass Merkel diese Kritik äußert, im Sinne des Zentralrates der Juden in

Deutschland und möglicherweise auf medialen Druck hin, entspricht nicht unbedingt üblichen diplomatischen Gepflogenheiten. Es zeigt jedoch, wie wichtig ihr das Thema ist.

Am 6. November 2007 lädt der Zentralrat der Juden in Deutschland in einen holzvertäfelten Salon des wieder aufgebauten Adlon-Hotels neben dem Brandenburger Tor zum festlichen Gala-Diner, um der Bundeskanzlerin den Leo-Baeck-Preis zu überreichen. An den fein gedeckten Tischen sitzen die Honoratioren der Republik vor Tafelsilber und Kristall, um einer der im politischen Berlin so üblichen wie selbstverständlichen Lobreden zu lauschen. SPD-Veteran Hans-Jochen Vogel sitzt im Publikum, neben ihm der Vertreter des Heiligen Stuhls, daneben der Historiker Arno Lustiger, Bundestagsvizepräsidentin Katrin Göring-Eckardt (Grüne) schaut aufmerksam, der Generalinspekteur der Bundeswehr nimmt in seiner Ausgehuniform Platz. Der Einzige, der wie immer in zerschlissener Lederjacke kommt, ist der einst aus der DDR ausgebürgerte Liedermacher und heute in Hamburg lebende Ehrenbürger Berlins, Wolf Biermann. Er hält die Laudatio auf Angela Merkel, er, der wie sie in Hamburg geboren ist und der wie ihr Vater von West nach Ost übersiedelte, um im vermeintlich besseren Deutschland zu leben. Er, der einstige Linke, hält die Lobrede auf die konservative Kanzlerin.

»Wir passen schön schlecht zusammen, und das macht die Konstellation interessant.« Es wird keine übliche Lobrede, sie gerät fast zu einer Hymne. Dass die außenpolitische Haltung Angela Merkels einen besonderen Schwerpunkt hat, dass ihre Haltung zu Israel und Nahost, zu Krieg und Frieden und der Frage der Menschenrechte auch eine persönliche Note trägt, das vermitteln besonders anschaulich die Worte eines Wolf Biermann, der vom Kommunisten zum Demokraten konvertiert ist, der seine jüdischen und seine deutsch-deutschen Wurzeln in dichterischer Weise immer wieder politisch umzusetzen wusste, der noch immer so etwas ist wie das Gewissen des einst geteilten Landes.

Wolf Biermann sagt oft, dass er die meisten seiner Freunde verloren hat, als er 1999 den ersten Golfkrieg von Präsident George Bush Senior und 2003 den Irakkrieg des Sohns unterstützte. Für Angela Merkel war dies wohl nicht so drastisch. Biermann lobt also genau das an ihr, ihre Absage an einen Pazifismus, der blind sei für die Gefahren, die von Diktaturen ausgehen könnten. Und er lobt diese Haltung auch noch 2007, als es als bewiesen gilt, dass die 2003 von den USA beschworene Gefahr durch irakische Massenvernichtungswaffen gar nicht bestanden hat, der Krieg also völkerrechtswidrig war.

Für Biermann – und eben auch für Merkel – bleibt wichtig, Freund und Feind zu unterscheiden. »Warum hassen so viele Europäer dermaßen maßlos die Juden? Warum halten sie das bedrohte Israel, die einzige Demokratie in der arabischen Region, für den gefährlichsten Kriegstreiber in der Welt? Und woher kommt dieser hysterische Hass gegen die USA? Ich wüsste gern, verehrte Angela Merkel, Ihre Meinung.« Merkels Grundhaltung lässt sich genau an diesen Fragen festmachen: Freundschaft mit dem jüdischen Volk, unbedingte Unterstützung für den Staat Israel, unbeirrbar im Bündnis mit Amerika.

Biermann zitiert sie mit den Worten: »Ein Blick zurück in unsere eigene Geschichte mahnt dazu, den Frieden als wertvolles Gut zu erhalten und alles zu tun, um kriegerische Auseinandersetzungen zu vermeiden. Ein Blick in die gleiche Geschichte mahnt aber auch, dass ein falsch verstandener, radikaler Pazifismus ins Verhängnis führen kann und der Einsatz von Gewalt – trotz des damit einhergehenden Leides – in letzter Konsequenz unausweichlich sein kann, um noch größeres Übel zu verhindern.«

Biermann lobt Merkels Reden zum Nahostkonflikt, die »in bester Luther-Tradition« gehalten seien, nach dem Motto »Eure Rede aber sei ja, ja, nein, nein«. Und ihn freue es, dass Merkel ihre Haltung als Bundeskanzlerin und auch in der aktuellen Konfliktlage aufrechterhalte. Die Bedrohung für Israel gehe möglicherweise nun vom Iran aus.

Dazu sagt Angela Merkel in einem Interview 2007: »Wir können die Augen vor einer Gefährdung nicht verschließen. Ich trete mit Nachdruck dafür ein, dass wir das Problem auf dem Verhandlungsweg lösen, aber dazu müssen wir auch bereit sein, weitere Sanktionen zu verhängen, wenn der Iran nicht einlenkt. Er bedroht die Sicherheit Israels, die für mich als deutsche Kanzlerin niemals verhandelbar ist. Er bedroht die Region, Europa und die Welt. Das müssen wir verhindern.«

Neben der Solidarität zu Israel würdigt Biermann die kritische Haltung gegenüber Russland, die Politik des Klimaschutzes und ihre Europapolitik. Merkel wird in seiner Anschauung zu einer moralischen politischen Figur. Sie, die häufig als haltungslos und beliebig kritisiert wird, wandelt sich in Biermanns Darstellung zu einer Person mit besonderer Aufrichtigkeit. Er formuliert das gewohnt stilisiert: »Eine Frau, die die Gesetze der Physik studierte in einem Land, wo zwei mal zwei nicht vier sein durfte – ausgerechnet sie bringt den Großkopferten der Europäischen Union lebensklug wie eine erfahrene Grundschullehrerin das kleine Einmaleins der politischen Moral bei und dazu das große Einmaleins einer moralischen Politik.«

Seine eigentümliche Begeisterung für die Kanzlerin drückt sich schon kurz nach ihrer Wahl und der Abwahl Schröders aus, bei einem Konzert in der Katholischen Akademie in Berlin: »Besser im guten Sinne eine schlechte Schauspielerin als im schlechten Sinn ein guter Schauspieler«, trällert Biermann wie gewohnt fröhlich und bierernst zugleich dem Publikum zu und jeder weiß, wer gemeint ist.

Die »Rechten« und die Religion

In Merkels Amtszeit als CDU-Bundesvorsitzende wandelt sich eine Bedeutung des Begriffs »rechts« auf der Landkarte der politischen Ortsbestimmung stark. Gab es in Kohls Zeiten noch einen »rechten Flügel« in der Union, sind nicht nur die Protagonisten dieser Abteilung abhandengekommen, auch das Türschild »rechts«, gibt es bei der CDU so nicht mehr. Unter »rechts« wird inzwischen geradezu identisch »rechtsextrem« verstanden.

Merkels Kritiker sehen darin ein Versagen ihrer Führung, sie habe nämlich so die AfD stark gemacht, einen Bestandteil der CDU geradezu outgesourct und somit die Union geschwächt. Es gelte das Diktum vom CSU-Urvater Franz-Josef Strauß, wonach es recht der Unions-Parteien keine demokratisch legitimierte Kraft geben dürfe. Diesem Ziel ist die Union nicht immer gerecht geworden, mit NPD und Republikanern gab es Rechtsradikale in deutschen Landtagen. Die AfD erscheint jedoch in Teilen gemäßigter zu sein – und vor allem: Sie zieht mehr Personen und Potenzial von der Union ab. Soweit die kritische Analyse. Als Beleg für Merkels Abkehr von der Doktrin der Rechtsverteidigung gilt ein Interview, in dem sie erklärt, es gebe Positionen, die sie nicht für akzeptabel im CDU-Spektrum halte. Ihren Widersachern gilt es als Beleg für Merkels Linksruck – und ihrer Preisgabe der Flanke am rechten Rand.

Viel gefährlicher aber ist, so wird geargwöhnt, der drohende weitere Abbruch von Küstenabschnitten am rechten Rand der CDU. Inzwischen sind die »Rechten« schon im Meer versunken, nun stehen die Konservativen an der Klippe. Die Flüchtlingskrise hat die AfD erneut stark gemacht, weil nun nicht nur mehr die vormals als »Rechte« bezeichneten Kreise zur AfD überlaufen, sondern auch selbsternannte »Konservative«. Die Begrifflichkeiten verschwimmen dabei.

Was denn nun konservativ sei gehört, ebenso wie die Frage nach dem »C« in der »Christlichen Demokratischen Union«, zu den gepflegten und ritualisierten Rätseln der Partei. Im Kern ist die CDU eine pragmatische Partei, eine Machtpartei, die sich vor allem von allem Ideologischen fernhält, deswegen passt Merkel so gut zur CDU, auch wenn man das manchmal nicht wahrhaben will. Sobald Merkel wieder als Garantin für Siege gilt, als diejenige, die das Heft des Handelns in der Hand hält, jubelt auch die noch konservativere Schwesterpartei, die CSU, wieder.

Merkel hat also in dieser Sinnsuche der Partei zwischen Pragmatismus und Profil durchaus schon Erfahrung. Die kritische Papstäußerung vom Februar 2009 ist für ihre Kritiker der Auslöser, die Debatte um das vernachlässigte »C« und Merkels »Verrat« zu erneuern und zu bündeln. Zwei Buchveröffentlichungen spielen dabei eine besondere Rolle. Der Publizist Martin Lohmann schreibt unter dem Titel »Das Kreuz mit dem C« über die Abkehr der Union vom Katholischen. Der Dominikanerpater Wolfgang Ockenfels nennt seine Analyse »Das hohe C: Wohin steuert die CDU?« und beklagt die Antikirchlichkeit der einst mit der Kirche befreundeten Partei. Die bereits andauernde und bisweilen aufflackernde Kommunikationsstörung zwischen der katholischen Kirche und Angela Merkel findet nun Niederschlag in der öffentlichen und publizistischen Debatte. Höhepunkte dieser »Affäre« sind der Austritt von Ex-Ministerpräsident Werner Münch aus der CDU Ende Februar 2009 und die Gründung des »Arbeitskreises engagierter Katholiken« im November desselben Jahres.

Der 68-jährige Münch war 37 Jahre Mitglied der CDU, stammt aus dem Ruhrgebiet, war Mitglied des Europäischen Parlaments und Hochschullehrer. Von 1991 bis 1993 war er Ministerpräsident des Landes Sachsen-Anhalt. Die »Papstkritik« habe das Fass zum Überlaufen gebracht, sagt er. Doch sei sein Austritt nicht im Affekt geschehen, sondern die Entscheidung gewachsen. »Ich beklage eine Politik der CDU, die sich von den christlichen Werten wegbewegt«, begründet Münch seinen Abschied. Es würde eine Politik dominieren, die von Beliebigkeit und Relativismus zeuge und nennt die Positionen beim Lebensschutz und in der Familienpolitik.

Martin Lohmann, Publizist und CDU-Mitglied, wirbt schon seit Langem für einen so genannten katholischen Arbeitskreis in den C-Parteien. Als stellvertretender Chefredakteur des *Rheinischen Merkur* forderte er schon in den 90er-Jahren ein solches Pendant zu dem fest etablierten Evangelischen Arbeitskreis in der Union. Damals soll Angela Merkel noch als Ministerin bereits zusammen mit dem ebenfalls protestantischen Wolfgang Schäuble eine solche Institution verhindert haben. Der Arbeitskreis soll das Mittel sein, die schwindende Katholizität zu bekämpfen und die Getreuen zu versammeln. Seitdem die Idee in der Welt ist, kritisieren andere, eine solche Einrichtung würde zur »Ghettobildung« des Katholischen führen.

In seinem 2009 erschienenen Buch rechnet Lohmann mit der Kanzlerin und der Partei ab. »Wie christlich ist die Union?«, fragt er. Und seine Antwort lautet: Sie verliert ihr Profil, vor allem wegen Merkel. Wenn die Papstkritik der Tropfen ist, der das Fass zum Überlaufen bringe, würde deutlich, wie voll das Fass schon länger gewesen sei. Es sind die Themen Abtreibung, Stammzellforschung, Patientenverfügung und Familienpolitik, bei denen er die christliche Ausprägung der Unionsparteien vermisst. Außerdem bemängelt er ein generelles Fehlen einer christlichen Unterfütterung Merkel'scher Werte-Rhetorik und fragt nach der »Kanzlerin des Diffusen«. Er unterstellt Merkel ein »tief sitzendes Problem« mit der katholischen Kirche und analysiert, dass die Parteibasis in der »Merkel-CDU« schon ihre eigene »wirkliche CDU« nicht mehr wiedererkenne. Es sei die Meinung verbreitet, die Parteichefin »entleere das C«.

Nach der Bundestagswahl 2009 und dem prozentual dramatisch schlechten Ergebnis der CDU scheint für Lohmann die Zeit reif, die Gründung des schon lange ersehnten Arbeitskreises selbst ohne Rückendeckung der Parteiführung zu vollziehen. Er findet Mitstreiter, darunter den CSU-Politiker Norbert Geis MdB und den ehemaligen bayerischen Landesminister Thomas Goppel. Weitere bekannte CDU-Namen fehlen jedoch beim neuen »Arbeitskreis engagierter Katholiken« (AEK). Lohmann gelingt es, schon vor der Bundestagswahl publizistische Aufmerksamkeit für sich zu gewinnen. Nach der Wahl und dem holprigen Start der Regierung wird dann seinem AEK besonderes mediales Interesse zuteil, weil er auch einem gewissen innerparteilichen Frust Ausdruck zu verleihen scheint.

Merkels Papstkritik hat ihren Kritikern über ein Jahr lang Rückenwind verschafft. Sogar so weit, dass ein katholischer

Kirchenzeitungsverleger dazu aufgerufen hat, als Katholik nicht CDU/CSU zu wählen, sondern stattdessen die Partei Bibeltreuer Christen oder die ÖDP.

Sowohl im Kanzleramt als auch in der Parteizentrale ist die Wirkung von Merkels Worten durchaus als negativ registriert worden. Doch was macht Merkel? Ihre Sofortreaktion ist ein Anruf beim Papst. Langfristig wird der Kanzlerin sozusagen ein Besuchsprogramm in katholischen Einrichtungen verordnet. Beides wirkt. In der offiziellen Mitteilung des Vatikans wird im Anschluss an das Telefonat von einem »herzlichen« Austausch gesprochen. Inoffiziell heißt es in Rom, der Papst sei über Merkels Äußerung auch persönlich enttäuscht gewesen. Beide kennen sich, haben sich bereits mehrfach gesprochen. Das Telefonat soll aber tatsächlich eine Klärung herbeigeführt haben. Danach sei die Sache für den Vatikan erledigt gewesen. Auch wenn die Nachbeben in Deutschland bisweilen noch lange zu spüren waren.

Die politische Unruhe lässt sich jedoch auch durch die diplomatische Besänftigung nicht ganz beheben. Wenige Monate vor der Bundestagswahl bleibt es bei einer Unzufriedenheit im »konservativ-katholischen Teil« der Union, so diagnostizierten es die Medien 2009. Daher scheinen Merkels Besuche bei den Katholischen Akademien in Berlin und Bayern sowie weitere »katholische« Termine wie Reaktionen auf die Stimmung im katholischen Lager zu sein. Doch es sind gerade diese Auftritte in den Akademien, die zum Beweis des Gegenteils taugen oder zumindest zu einer gewissen Relativierung der Lage. Ihre Visiten lassen den Eindruck entstehen, dass die Front der Katholiken gar nicht mehr so strammsteht. Anstatt auf Kritik oder gar Ärger und Wut trifft sie vor allem auf Höflichkeit und bisweilen sogar Sympathie.

Vor allem der Besuch der Berliner Akademie gerät zu einer freundlichen Begegnung, die die aktuelle Entwicklung auszublenden scheint. Das Thema Papstkritik wird weggelassen, was natürlich auch die Katholiken teilweise überrascht. Mancher spottet zunächst von einem »Gang nach Canossa« ob des Besuchs Merkels bei den Katholiken. In der Tat ist es dann fast so wie beim historischen Bußgang, wenngleich der Vergleich im engeren Sinne hinkt. Zwar reiste der deutsche König Heinrich IV. im Dezember 1077 nach Canossa und warf sich Papst Gregor VII. zu Füßen, doch blieb in dem Konflikt der beiden mittelalterlichen Herrscher eben gerade der König der Sieger und erstritt sich das Primat der weltlichen Herrschaft.

Und auch Merkel geht als Gewinnerin aus den »katholischen« Besuchen hervor. Sie weiß sehr wohl, dass sie mit ihrer Papstkritik bei vielen Katholiken durchaus auch einen Nerv getroffen hat. Papstkritik ist im deutschen Katholizismus kein Tabu. Der Papst und der Vatikan standen wegen ihres Umgangs mit der Pius-Bruderschaft, des »Managements« der Krise und eines möglichen konservativen Schwenks auch innerkirchlich in der Kritik. Die deutschen Bischöfe verabschiedeten damals bei ihrer Frühjahrsvollversammlung eine Erklärung, die in bis dahin ungekannter Deutlichkeit auch Missfallen am römischen Vorgehen zum Ausdruck brachte. Die Aufregung um die ungeschickte Merkel-Äußerung verschaffte die Möglichkeit, sich wieder hinter dem Papst zu versammeln, ohne sich inhaltlich verbiegen zu müssen.

Das Besondere für Merkel ist, dass sie als preußische Protestantin einer Partei vorsteht, die lange Zeit stark von einem politischen Katholizismus geprägt war, der seinerseits an Kraft und Stärke in den letzten Jahren verloren hat. Die eigene Schwäche lastet man da gerne anderen an.

Bei fast allen Themenfeldern, bei denen die Kritiker Merkel fehlende Christlichkeit vorwerfen, gibt es nicht nur im protestantischen Spektrum prominente Gegenpositionen, die auf Merkels Linie liegen; diese inhaltlichen Streitigkeiten gehen mitten durch das katholische politische Spektrum hindurch. Deswegen ist der Konflikt so emotionalisiert, so aufgeladen und so tendenziell unlösbar für Angela Merkel.

Es sind konservative Katholiken, die sich im politischen Katholizismus marginalisiert sehen. Deswegen tauchen ihre Positionen in katholischen Akademien seltener auf. Der politische Katholizismus in Deutschland, der sich traditionell im Zentralkomitee der deutschen Katholiken organisiert, ist konservativen Katholiken genauso ein Dorn im Auge, wie es bestimmte Positionen von Angela Merkel sind. Das gilt für die Fragen des Lebensschutzes, der Ehe und Familie und weitere Bereiche der Gesellschafts- und Sozialpolitik. Am Beispiel der Familienpolitik ist die bisweilen anzutreffende Konfusion des politischen Katholizismus besonders offenkundig zu betrachten.

Nach dem Wahlsieg von Angela Merkel 2005, wird die Neuausrichtung der Familienpolitik unter Familienministerin Ursula von der Leyen (CDU) von Teilen der katholischen Kirche und von einem Großteil der katholischen Kirche kritisch begleitet. Von heftigen Kontrapositionen des ehemaligen Bischofs Walter Mixa (»Gebärmaschinen«) bis hin zu konkreten Einwürfen des früheren Familienbischofs Kardinal Georg Sterzinsky reicht die Bandbreite. Auf der einen Seite wird ein wie auch immer geartetes »normatives Familienbild« (Bischof Franz-Josef Overbeck) verteidigt, auf der anderen Seite der sozialpolitische Aspekt betont.

Mixa und andere greifen das Frauen- und Familienbild an, welches der neuen Unionspolitik angeblich innewohne. Durch

Elterngeld und Ausbau der Krippen werde die Erwerbsarbeit der Frau zu einem neuen Ideal stilisiert, anstatt Elternschaft und Erziehungsarbeit als Wert anzuerkennen. Die Politik denke nicht vom Kind her, sondern von den Wünschen des Arbeitsmarkts. Vielmehr müsse ein katholisches Familienideal hochgehalten werden. Sterzinsky und andere kritisieren vor allem, dass das Elterngeld keine soziale Komponente habe, sondern Besserverdienende aus Prinzip mehr fördere. Familienpolitik müsse aber, so diese Position, immer Sozialpolitik sein. Jedes Kind sei gleich viel wert, deswegen dürften reichere Eltern auch nicht mehr Elterngeld bekommen.

Bei den Debatten um das Sparpaket im Sommer 2010 tauchen diese Argumentationslinien wieder auf. Im Wahljahr 2009 besucht Angela Merkel auch den Familienbund der Katholiken. Tagungsort ist wieder die Katholische Akademie in Berlin. Präsidentin Elisabeth Bußmann spricht diesmal auch kritische Fragen an. Merkel muss erneut ihre Familienpolitik gegen deutliche Angriffe verteidigen.[59] Aber beim Schlusswort sagt Bußmann etwas Versöhnliches. »Natürlich wollen wir, dass Sie Kanzlerin bleiben«, sagt sie, für manche überraschend, »damit wir weiter um eine gute Familienpolitik ringen können.«

In dieser Äußerung scheint die alte Verbundenheit von Kirche und Union auf, die in vielen Bereichen des politisch-katholischen Raums brüchig wird und schwindet. Die ganze Debatte um das »C«, um die Person Merkels und um inhaltliche Differenzen mündet bei den meisten Katholiken noch immer in einer Wahlentscheidung für die CDU. Das haben, trotz allem Sturm, die Bundestagswahlen 2009 und 2013 gezeigt. 2009 gab es schmerzliche Verluste auch im katholischen Wählerspektrum, aber sie waren nicht deutlich größer als in anderen Gruppen. Und nach wie vor wählt eine Mehrheit von über 40 Prozent der Katholiken eine der C-Parteien. Das war auch erst recht 2013 so, als Merkel die CDU wieder über die 40-Prozent-Marke führt. Aus einer Partei von Protestanten und Katholiken, die nach dem Krieg die konfessionellen Unterschiede überwinden wollten – auch als Lehre aus der Weimarer Republik –, ist eine Partei geworden, die das »Christliche« als Begriff retten muss, auch wenn einige der handelnden Personen sich nicht mehr primär als Christen definieren oder zumindest ihr politisches Handeln nicht primär aus dem Christsein heraus ableiten wollen.

Der Selbstfindungsprozess um das »C« ist eine Folge der Pluralisierung und Entkirchlichung der Gesellschaft, aber auch der Privatisierung des Glaubens, für den Angela Merkel auch steht. Den Prozess, der in der Union im Gange ist und für den Merkel zum Katalysator wird, beschreibt der Politologe Langguth: »Merkels Antrieb der CDU zum Eintritt in die Moderne, ihre Vermutung von Planbarkeit der Politik war klassischen Konservativen wie auch katholischen Denkern stets ein Dorn im Auge. Hierin liegt der Kern der Skepsis des in einer Zeit der Säkularisierung schwächer gewordenen Katholizismus gegenüber der ostdeutschen Protestantin Merkel: Ihr Pathos der Modernität und des Individualismus ist ihnen fremd.«[60] Sie sehen die katholische Soziallehre verraten, so Langguth weiter, wenn Merkel zu sehr die Segnungen des wirtschaftlichen Liberalismus preise. Sie sehen die Prinzipien der Subsidiarität und der Solidarität vernachlässigt.

Bleibt die Frage, was mit dem »C« passiert. Kardinal Meisner spricht der Union immer wieder ihre Christlichkeit ab, jedes Mal, wenn sie seiner Meinung nach gegen die katholische Lehre verstößt. Etwa am Tag vor Weihnachten 2008, als er zum wiederholten Mal gegenüber einem Boulevardblatt die Entscheidung in der Frage der Stammzellforschung als mit dem »C« für unvereinbar erklärte. Das ist für viele in der Partei nicht nur ärgerlich, sondern verzerrt das Bild. Nicht nur ist die Union auch eine protestantische Partei, mehr noch kann man einem Kirchenmann nicht ständig die Definitionsmacht über einen Teil des Parteinamens abtreten.

Um das »C« handhabbar zu machen im post-säkularen Politikbetrieb einer zunehmend nicht gottlosen, aber weniger kirchlichen Gesellschaft, entstand der Begriff des »christlichen Menschenbildes«. Dazu ist dem Christlichen – man kann es so scharf formulieren – in gewisser Weise der Glaubensaspekt amputiert worden. Das »Christliche« wird in der Union fortan als das »Wertefundament« gesehen. Der Gottesbezug wird nicht ausgeblendet, auch der Glaubensaspekt kann mitschwingen. Doch im Kern wird eine praktisch-ethische Richtschnur gefunden, die die Öffnung der Partei ermöglicht.

Im sogenannten »Berliner Programm« der CDU aus dem Jahr 1968 lautet die zweite Passage der Präambel: »Die Christliche Demokratische Union Deutschlands orientiert sich am christlichen Glauben und Denken.« Diese Verknüpfung ist heute so direkt nicht mehr möglich: Der Gottesglaube wird nicht mehr direkt zur Grundlage der Politik erhoben. Weiter heißt es: »Politik aus der gemeinsamen Verantwortung der Christen in der Welt richtet sich auf die Freiheit der Person, die sich der Gemeinschaft verpflichtet weiß, auf die Gerechtigkeit für jedermann und auf die Solidarität, die auf der Eigenverantwortung der Person aufbaut.« Der zweite Teil des Absatzes ließe sich fast auf heute übertragen, doch heute fehlt eben der Bezug zu den »Christen in der Welt«. Heute geht es um alle Menschen. Es bleibt ein abstrakter Begriff des Christlichen, der lediglich noch die Substanz transportiert, das Leben und die Lebenspraxis aber sachte beiseiteschiebt.

Das liest sich im Grundsatzprogramm von 1994 so: »Unsere Politik beruht auf dem christlichen Verständnis vom Menschen und seiner Verantwortung vor Gott. Für uns ist der Mensch Geschöpf Gottes und nicht das letzte Maß aller Dinge … 2. Wir wissen, dass sich aus christlichem Glauben kein bestimmtes politisches Programm ableiten lässt. Aber das christliche Verständnis vom Menschen gibt uns eine ethische Grundlage für verantwortliche Politik … Dies ist die Grundlage für das gemeinsame Handeln von Christen und Nichtchristen in der CDU.«

Entscheidend ist also, dass die Nichtchristen ins Boot geholt wurden und aus dem Glauben das »christliche Verständnis vom Menschen wurde«. Der etwas sperrige Begriff wird dann noch weiter modelliert. Jetzt heißt es »Das christliche Menschenbild«. »Das ‚C‘ bedeutet, dass wir uns von einem christlichen Menschenbild prägen lassen, von einem Menschen also, der frei ist, der aber in der Verantwortung vor Gott steht, der nicht übermütig ist, sondern den Auftrag aus der Bibel erfüllt ‚Macht euch die Erde untertan‘, verantwortlich immer an die nächste Generation denkend«, so erklärt Angela Merkel es bei Radio Vatikan.

Im Dezember 2007 verabschiedet die CDU in Hannover ein neues Grundsatzprogramm. In der Präambel heißt es nun: »Wir orientieren uns am christlichen Bild vom Menschen und seiner unantastbaren Würde und davon ausgehend an den Grundwerten Freiheit, Solidarität und Gerechtigkeit.« Der Begriff des christlichen Menschenbildes ist gestaltbar, vor allem hat die Partei selbst die Hoheit über diesen Begriff, mehr als beim Attribut »christlich« allein, bei dem noch stärker die

Kirchen die Hand draufhalten. Aus dem christlichen Menschenbild fließen dann – nach Lehre der Union – die Grundwerte Freiheit, Solidarität und Gerechtigkeit, die die C-Partei übrigens mit den Sozialdemokraten gemeinsam hat. So zeigt sich ein Werte- und Bedeutungsgebäude, in dem sich alle Flügel und Richtungen, alle Weltanschauungen und Denkrichtungen einsortieren können. Natürlich nicht völlig beliebig, aber doch recht flexibel.

Es gilt die Formel, dass die Bibel kein politisches Programm ist und sich keine konkreten Handlungsanweisungen aus dem Evangelium ableiten lassen. Böse Zungen nennen das die Sozialdemokratisierung des »C«. Wo steht Angela Merkel in diesem Prozess der Neudefinition des »C«? Dass die Partei als Ganzes keine »gläubige Partei« sein kann, würde ihrer Auffassung wohl entsprechen. Für sie ist eine Scheidung der Sphären der richtige Weg. Glauben gehört zum Individuum, auch noch zu den Kirchen, nicht aber festgezurrt – quasi unabhängig von der Person – in die Politik und ihre Institutionen und Positionen. Alle Dogmatik ist ihr fremd.

Unions-Fraktionschef Volker Kauder (CDU) hat in der *Frankfurter Allgemeinen Zeitung* einen Grundsatzaufsatz zum »C« veröffentlicht, der den Begriff des Christlichen gleich im zweiten Absatz mit Leben füllt durch die Formulierung der Freiheit.[61] Er zitiert den Galaterbrief des Neuen Testaments. Der Mensch sei zur Freiheit berufen. Und gleich danach kommt Martin Luther mit dem berühmten Zitat: »Ein Christenmensch ist ein freier Herr über alle Dinge und niemand untertan. Ein Christenmensch ist ein dienstbarer Knecht aller Dinge und jedermann untertan.« Dass gerade der Christ aus einer besonderen Freiheit heraus lebt, das zeichnet auch Angela Merkels Vorstellung aus. Die CDU muss ihrer Ansicht nach das »C« aus dem Freiheitsbegriff heraus lesen, aus der Freiheit des Einzelnen und seiner Beziehung zu Gott und aus der Verantwortung für das Gemeinwesen, die aus dieser Beziehung erwächst.

Als sie diese Überlegungen ausgerechnet in der wiederaufgebauten Dresdner Frauenkirche im September 2007 vor 700 sächsischen Pfarrerinnen und Pfarrern weiter ausleuchtet, sind Ort und Anlass passend gewählt. Man hätte es eine Predigt nennen können, doch das will Merkel nicht. »Das Evangelium der Freiheit« ist ihr als Thema aufgetragen. Es sei nicht alltäglich, darüber zu sprechen, sagt sie, aber »als evangelische Christin in politischer Verantwortung fühle ich mich angesprochen«. Sie verweist auf Paulus, der in seinen Briefen »von der Freiheit der Kinder Gottes, von der Freiheit durch die Bindung an Gott gesprochen« habe. Paulus habe um die befreiende Kraft des Glaubens gewusst unter Rücksichtnahme auf die Freiheit der anderen. Die Kirchen hätten immer um den Freiheitsbegriff gerungen und würden das wohl auch noch weiter tun, merkt sie kritisch an. Doch sie selbst bleibt bei ihrem schon fast unerschütterlichen Freiheitsoptimismus. »Mehr Freiheit wagen« lautet ihre pathetische Losung bei ihrer Regierungserklärung im Dezember 2005, in Abwandlung des Brandt'schen Satzes »Mehr Demokratie wagen«. Vor den Pfarrern in Dresden wiederholt sie den Satz und sagt: »Mehr Freiheit wagen – das bedeutet, auf die Menschen zu setzen, auf jeden Einzelnen, auf seine Kreativität, auf seine Individualität als Geschöpf Gottes.«

Die CDU mit ihrem »C« als Kühlerfigur vorneweg kann also dem nur gerecht werden, wenn sie zunächst auf der inhaltlichen Ebene das Christliche zu einem reinen Wertebegriff degradiert und die Menschen, Parteimitglieder und Wähler, entlässt in die säkulare Umgebung. Angela Merkel will weg von einer Funktionalisierung des Glaubens und des Christlichen für die Politik. Die manchmal kuschelig gepflegte Nähe ist ihr geradezu zuwider. »Natürlich darf die Politik Gott niemals instrumentalisieren. Wir haben das zum Beispiel im Irakkrieg gesehen. Wer da alles versucht hat, den Papst für sich zu instrumentalisieren, fand ich schlimm. Das darf man niemals tun.«

Solche Instrumentalisierungen oder Funktionalisierungen hat es immer wieder gegeben. Solche unseligen Verknüpfungen finden sich auch in Merkels DDR-Erfahrung. Die Blockpartei CDU wurde im ostdeutschen Staat als die »Abteilung Kirche« der SED verspottet. Sie hingegen hat den Glauben als Schutz vor der Diktatur empfunden, deswegen darf man ihn auch jetzt nicht verzwecken. Er muss der Schatz des Einzelnen bleiben. »Durch meinen Glauben habe ich in dieser Zeit gelernt, dass es richtig sein kann, anders zu denken und anders zu entscheiden, als es andere Menschen tun. Das hilft mir heute in einer Zeit, in der allen alles gleichgültig scheint, denn es ist nicht alles gleich gültig. Das Christ-Sein und meine Erfahrungen, die ich als Christ sammeln konnte, schützen mich davor.«

In der alten westdeutschen CDU war die Lage ganz anders. Christlich-Kirchliches und politisches Engagement lagen bei einigen handelnden Personen so eng zusammen, dass aus dieser Identität eine gewisse wechselseitige Instrumentalisierung erwachsen konnte. Diese Nähe schwindet. Aus Merkels Verständnis heraus ist dies vielleicht gar nicht so schlimm. Doch reicht es aus, das »Werte-C« zu behalten und das »Glaubens-C« ins Private abzuschieben?

Das Ende der Selbstverständlichkeiten im Leben der Union, in Abnabelungsprozessen vom katholischen Lehramt, in Auf-

lösungsprozessen des vorpolitischen Raums (Messdiener, Pfad-
finder, Bund Neudeutschland etc.) birgt in diesem Sinne auch
eine Chance. Denn gerade die zementierte Selbstverständlichkeit einer Christlichkeit in der Christenunion hat wohl dazu
geführt, das eigene Bekenntnis zu vergessen, nicht zu ergrün-
den bzw. nicht zu erfragen oder zu hinterfragen. Früher waren
alle in der Union Christen, da haben viele nicht gelernt, dieses
auch zu zeigen. Heute braucht die CDU möglicherweise aber
mehr Christen, die als solche zu sehen sind, um das »C« mit
neuem Leben zu füllen.

Für Angela Merkel ist das »C« eine zutiefst persönliche und
individuelle Frage, dann eine gesellschaftliche – und schließlich auch eine politische. Doch diese Reihenfolge ist wichtig,
und daraus ergibt sich, dass Christen in der Politik tätig sind,
um Macht kämpfen, Probleme lösen, Entscheidungen treffen
– nicht aber eine »christliche Politik« betreiben. Das würde der
Politik nicht gerecht und schon gar nicht dem Glauben an
Gott und seinen Sohn Jesus Christus.

Wie aber kann die Rückgewinnung der christlichen Identität über den Einzelnen erfolgen? Mehr bekennende Christen
fallen nicht vom Himmel in den Schoß der Union. Angela
Merkel sieht die Kirchen in der Pflicht. Sie meint wohl auch,
dass die Kirchen ihre eigentliche Aufgabe vernachlässigen.
Angela Merkel versucht dem Begriff des christlichen Menschenbildes nicht nur einen Wertehorizont abzugewinnen,
sondern auch einen politischen Tugendkatalog, der eben auf
den Einzelnen und sein Handeln zielt. Weniger inhaltliche
Positionen, aber mehr persönliche Haltungen müssen aus dem
»C« herausdestilliert werden.

Drei Päpste und eine Kanzlerin

Beim Treffen von Angela Merkel mit Papst Franziskus im Mai 2016 schenkt das Kirchenoberhaupt der Kanzlerin einen Friedensengel. Sie ist aus Anlass der Karlspreisverleihung in den Vatikan gekommen. Den Engel könne sie gut gebrauchen, sagt sie. Es ist schon das dritte Mal, dass Merkel Franziskus im Apostolischen Palast trifft. So eng war sie mit keinem anderen Papst.

»Ich mag sie und ich schätze sie sehr. Frau Merkel ist eine Person guten Willens. Ich bete für sie«, erklärte Franziskus einmal. In der Flüchtlingskrise scheinen beide zeitweise fast wie Brüder im Geiste geworden zu sein, die an einem Strang ziehen. Der Papst hatte kurz nach Amtsantritt mit dem Besuch auf Lampedusa das Thema Flüchtlinge zum zentralen Thema seines Pontifikats gemacht – und durchaus als Agenda-Setter auf der politischen Bühne gewirkt. Denn zu dem Zeitpunkt ist die Flüchtlingsproblematik noch keineswegs im aktuellen Bewusstsein aller Akteure angekommen. Erst recht nicht in Deutschland. In ihrer Neujahrsansprache 2013/2014 erwähnt Merkel dann auch das Thema Flüchtlinge erstmals in diesem Format.

Eine »Pizza auf der Piazza« wolle sie mit dem Papst essen, scherzt Bundeskanzlerin Angela Merkel noch im Mai 2013, als sie zum ersten Mal zu einer Privataudienz beim damals frischgewählten Franziskus zu Gast ist. Sie verstehen sich gut, die protestantische Kanzlerin aus Berlin und das unkonventionelle Kirchenoberhaupt vom anderen Ende der Welt. In gebrochenem Deutsch versucht der Papst, direkt mit der Regierungschefin zu plaudern. Das ist etwas holprig, aber beide lachen sich an. Dass mit der Pizza müsse übersetzt werden, sagt Merkel dem Dolmetscher.

Merkel und die Päpste, das ist eine ganz eigene Geschichte, die etwas von historischen Zufällen hat und doch einiges über Merkel und ihren Umgang mit Politik und Religion und speziell mit dem Katholizismus erzählt. Drei Päpste hat sie (bislang) persönlich erlebt, drei ganz unterschiedlichen Persönlichkeiten ist sie begegnet, die wiederum jeweils in einer besonderen Beziehung zu ihr stehen. Das war so nicht zu erwarten.

Nichts lag der Pfarrerstochter ferner als die katholische Kirche. Viel ist bereits geschrieben worden, dass die katholisch geprägte CDU mit der Protestantin Merkel fremdelte. Doch auch umgekehrt war Merkel der Katholizismus, speziell jener rheinischen Prägung, zunächst suspekt. Allen voran hat die engagierte Katholikin Annette Schavan eine Vermittlerinnenrolle gespielt, hat Merkel die katholische Kirche »erklärt« mit der Schavan selbst bisweilen über Kreuz lag und die spezielle Verwobenheit des politischen Katholizismus mit dem Gefüge der alten Bundesrepublik. Inzwischen ist Schavan auch offiziell Botschafterin der Bundesregierung beim Heiligen Stuhl, was sie Jahre zuvor quasi inoffiziell für Merkel war.

Als Annette Schavan 2013 mit einer Feierstunde in der Baden-Württembergischen Landesvertretung nach ihrem (erzwungenen) Rückzug aus der Bundespolitik verabschiedet wird, gibt es einen selten intimen Einblick in diese enge Freundschaft der beiden. Persönlich und ungeschützt wie selten spricht die Bundeskanzlerin von ihrer Freundschaft zu Schavan, die auch die Zeit politischer Ämter überdauern werde. Und sie spricht davon, dass Schavan sie mit dem ihr fremden Milieu vertraut gemacht habe. Diese Hilfe auch in schwierigen Situationen sei wichtig gewesen für ihren politischen Weg, so Merkel. In der Rückschau lässt sich sagen, auch Probleme mit Päpsten gehören dazu.

Ihren ersten Besuch im Vatikan unternimmt sie noch als Parteivorsitzende. Sie trifft den greisen Papst Johannes Paul II. und legt sich einen schwarzen Schleier über den Kopf. Vor ihm, als Akteur im Kalten Krieg, hat sie Respekt. Merkel, die zu DDR-Zeiten durchaus Sympathie für die polnische Gewerkschaft Solidarnosc hegte und auch zu einer Kundgebung nach Polen gefahren war, verbindet mit dem polnischen Pontifex dessen Freiheitskampf gegen den Kommunismus. Hinzu kommt, wenn man so will, eine gewisse Parallele. Merkel und Wojtyla kamen beide aus dem »Osten« und übernahmen beide hohe Ämter im »Westen« – wenngleich zu ganz unterschiedlichen Zeiten und mit unterschiedlichen Konsequenzen.

Politisch trennen Merkel und Johannes Paul II. vor allem konkrete Einschätzungen mit Blick auf den Irak-Krieg. Der Papst als weltweiter Friedensmahner, diese Rolle hatte vor allem dieser Pontifex ausgefüllt. 2003 war der grüne Außenminister Joschka Fischer in Rom und hatte gemeinsam mit Papst Johannes Paul II. vor einer Ausweitung des Irak-Krieges gewarnt. Dies war damals eher konfrontativ gegen die USA gemünzt gewesen. Merkel hingegen positioniert sich an der Seite Amerikas.

Die zweite besondere Konstellation ergibt sich dann mit Papst Benedikt XVI. Nach dem Tod Johannes Paul II. im April 2005 wird erstmals nach Jahrhunderten ein Deutscher zum Papst gewählt. Wenige Monate später wird Merkel Kanzlerin, als erste Frau in der Geschichte. Es ist ein ungleiches deutsches Paar auf der Bühne der Weltöffentlichkeit. Merkel steigt nach und nach zur Weltenlenkerin auf, der deutsche Papst, als Wissenschaftler und Weltintellektueller geachtet, gerät als Kirchenoberhaupt immer wieder unter Beschuss.

Die Kritik Merkels am päpstlichen Handeln in der Williamson-Affäre ist dann der Höhepunkt der Entfremdung der beiden. Merkel und Ratzinger kennen sich seit ihrem ersten Besuch in Rom. Sie sind sich schon damals einig in ihrer Uneinigkeit; etwa in der Frage, wie sich die CDU entwickeln müsse. Doch ein gewisser gegenseitiger Respekt ist wohl immer vorhanden. Vor allem lernt Merkel mit Ratzinger, dass die Auseinandersetzung von Vernunft und Glauben, durchaus auch in der katholischen Kirche prominent geführt wird. Aber mit Annette Schavan, Bernhard Vogel und anderen hat sie katholische Freunde an ihrer Seite, die kirchenpolitisch als Gegenüber von Ratzinger zu verorten sind, was natürlich auch sie selbst prägt.

Als Benedikt XVI. im September 2011 mehrere Tage lang Deutschland besucht, ist öffentlich von Verstimmung zwar nichts mehr zu sehen. Doch inzwischen haben sich die Gewichte verschoben. Merkel ist nun die politisch starke Figur, schon lange nicht mehr die Frau, der man das Amt nicht zutraut. Angela Merkel stiehlt dann – unabsichtlich – dem Papst die Show. Nicht während seines Besuchs, bei dem sie sich zurückhält. Aber am Sonntagabend, Benedikt XVI. ist nach seiner viertägigen Deutschlandvisite gerade wieder in Italien gelandet, drängelt sie sich medial sozusagen vor.

Sie sitzt neben Günther Jauch in dessen Talkshow. Alleine, ohne andere Gäste. Es geht um den Euro, um die vielleicht schwierigste Phase ihrer bisherigen Regierungszeit und am Rande auch um den Glauben. Eigentlich soll in der wichtigsten medialen Erklärrunde der Republik nach dem Besuch des Kirchenoberhaupts in seiner Heimat Bilanz gezogen werden. Jauch hat angekündigt, dass er mit seinem persönlichen »Nuntius«, Thomas Gottschalk, den Katholizismus und seine Welt ausleuchten wolle. Doch die Kanzlerin ruft an, sie habe Zeit am Sonntagabend und würde gerne in der Woche vor den Euro-Entscheidungen ihre Politik erklären. Der beliebte Moderator kann nicht »Nein« sagen.

Der Papst wird zwar dann noch kurz eingeblendet und Merkel gibt ein Bekenntnis zum Christentum ab. Es sei schön, Christ zu sein, sagt sie. »Dass es Gott gibt, ist mir wichtig«. Zum Papst selbst sagt sie nichts mehr. Während die Katholiken im Land noch über Benedikts diversen Reden rätseln, ist die Protestantin Merkel schon wieder bei ihrer eigenen Agenda.

Eigentlich kann Angela Merkel mit dem Papst nichts anfangen. Als sie beim Papstbesuch in Berlin vor die Kameras tritt und über den Papst sprechen soll, schwärmt sie plötzlich von der Katholischen Akademie. Dieser »geistliche Ort« in der Hauptstadt sei ihr wichtig. Sie ist mit Benedikt XVI. in der Bibliothek der Katholischen Akademie zusammengetroffen.

Doch trotz Papst, Bischöfen und Gottesmutter – Merkel belässt es unter Benedikt XVI. bei ihrer distanziert-höflichen Haltung zum Katholizismus. Nach der Begegnung mit dem Kirchenoberhaupt erwarten die Journalisten sie im kleinen Hofgarten der Akademie zu einem persönlichen Wort. Vor der Marienfigur brennt eine Kerze, doch die Regierungschefin lässt sich nicht vereinnahmen. Nüchtern berichtet sie von Gesprächen über die Finanzkrise und die Globalisierung. Das ganze fast beiläufig.

Keine Silbe über die Person des Papstes und die Verstimmungen, die es einmal gab nach ihren kritischen Äußerungen zur Krise um den Holocaust-Leugner und Traditionalisten-Bischof Richard Williamson. Die katholische Kirche habe als Weltkirche klare Vorstellungen von der Globalisierung, erklärt sie lapidar. Und die Politik müsse Gestaltungskraft in der Krise behalten. Später schiebt sie noch nach: »Das war ein anregendes und für mich wichtiges Gespräch.«

Der christliche Glaube bietet für Politiker nach Merkels Worten eine wichtige Hilfestellung, die »uns trägt«, sagt sie im Anschluss an die Bundestagsrede des Papstes. Das Christentum lehre, dass die Menschen die Welt aktiv gestalten und ihre Entscheidungen nicht als Getriebene treffen sollten. Dass diese Entscheidungen »im Sinne der Gerechtigkeit« ausfallen müssten, habe Benedikt XVI. deutlich gemacht. Den Dialog des Papstes mit der evangelischen Kirche würdigt die Kanzlerin als »deutliches Zeichen« für die Ökumene. Der Papst habe auch »nichts übertüncht«, so Merkel.

Aus der Umgebung des Papstes heißt es, das Gespräch mit der Kanzlerin sei gelöst und entspannt gewesen. Zunächst ist Kardinalstaatssekretär Tarcisio Bertone noch mit im Raum. Dann schließt sich das Vier-Augen-Gespräch an. Zum Ende kommt noch Ehemann Joachim Sauer dazu. Im Anschluss werden Geschenke ausgetauscht. Die Kanzlerin hat für den Papst ein Notenblatt mit gregorianischen Gesängen aus einem deutschen Messbuch aus dem 14. bis 17. Jahrhundert mitgebracht. Benedikt XVI. wiederum bedankt sich mit einer Kachel mit vatikanischen Motiven. Da ist dann Jahre später der Engel von Franziskus schon von anderer Art.

Mit dem dritten Papst ihrer politischen Laufbahn ändert sich dann noch einmal einiges in der katholischen Kirche, auch im Katholizismus in Deutschland, der nun beginnt, ein anderes Verhältnis zu Rom zu entwickeln – und auch bei Angela Merkel. Es kann als ziemlich sicher gelten, dass das päpstliche Schreiben »Evangelii Gaudium« das erste dieser Art ist, welches Merkel selbst gelesen hat und aus dem sie ebenso eigenmächtig in der Diskussion im CDU-Bundesvorstand zitiert. So berichten es Teilnehmer.

Papst Franziskus fasziniert Merkel, allerdings vor allem aus politischer Perspektive. Das Kirchenoberhaupt aus Argentinien bringt eine globale Sichtweise nach Europa und auch in eine sehr abendländisch geprägte Institution. Das scheint Merkel fundamental. Es ist ihr Lieblingsthema: Wenn Europa stark und weltweit bedeutend sein wolle, müsse es sich anstrengen und mehr die Außenansicht wahrnehmen. Dafür steht ihrer Meinung nach auch der Papst. Als Franziskus vor dem Straßburger Parlament freundlich aber bestimmt den Europäern die Leviten liest (»unfruchtbare Großmutter«), da ist das zwar nicht in der Wortwahl aber im Inhalt nach Merkels Geschmack. Die Selbstgenügsamkeit des alten Kontinents, so erklärt sie wiederholt, sei die größte Gefahr.

Zu ihrem 50. Geburtstag 2004 hatte sie, zur Überraschung aller, den Hirnforscher Wolf Singer zu einer Festrede eingeladen. Das Muster wiederholt sich 2014 zu ihrem 60. Geburtstag. Wieder nicht nur Geburtstagsreden, sondern ein wissenschaftlicher Vortrag. Diesmal spricht der Historiker Jürgen Osterhammel, dessen Schwerpunkt es ist, eine Geschichtsschreibung aus einer globalen Perspektive heraus zu betreiben. Die will Merkel auch ihren Deutschen beibringen. Und wenn man so will, ist dies auch das, was Merkel dann doch am Katholizismus interessiert: die globale Perspektive.

Während Merkel also Benedikt XVI. zwar mehrmals getroffen, aber nie im Vatikan besucht hat, stattet die Bundeskanzlerin im Februar 2015 Papst Franziskus schon den zweiten Besuch ab. Die Gesprächsatmosphäre ist angesichts der Weltlage ernster als beim ersten Mal. Eine Regierungssprecherin musste am Vortag eigens betonen, dass es zu einem lockeren Mittagessen im sonnigen Rom außerhalb der vatikanischen Mauern nicht komme.

Eigentlich war der formale Grund für das erneute Treffen mit Franziskus die deutsche G7-Ratspräsidentschaft – verbunden mit den allgemeinen Themen Armutsbekämpfung und Klimaschutz. Doch die aktuellen Krisen in der Ukraine, in Syrien und Griechenland bestimmen das Gespräch. Auffällig ist durchaus das Rahmenprogramm der Kanzlerin in Rom. Am Freitagabend gab es ein Essen mit Wissenschaftlern und Kirchenvertretern in der Botschaft.

Merkel besucht außerdem die Gemeinschaft Sant'Egidio im Stadtteil Trastevere. In den Räumen bestimmt weniger der weiße Marmor als roter Terrakotta die Atmosphäre. Gemeinschafts-Gründer Andrea Riccardi ist so etwas wie ein vatikanischer Geheimdiplomat in Friedens- und interreligiösen Fragen. Merkel kennt und schätzt ihn – auch weil er eine Zeit lang Minister in Italiens Regierung war. Immer wieder mal besucht er sie im Kanzleramt in Berlin. Der Abstecher zu Sant'Egidio macht aus dem formellen Staatsbesuch etwas Vertrauteres, gibt ihm noch eine andere Note. Es ist zu vermuten, dass Freundin Schavan das organisiert hat. Merkel wird langsam fast zur Vatikan-Kennerin. Nur einen trifft sie während dieses Besuchs in Rom offenbar nicht, den emeritierten deutschen Papst.

Merkel lädt Franziskus 2015 nach Deutschland ein. Viel mehr bleibt von dem Treffen im Vatikan nicht in Erinnerung. Für die regierungseigene Werbeabteilung wird der Vatikanbesuch ein Meilenstein bleiben. Das Bundespresseamt startet just an dem Tag den Facebook-Kanal der Kanzlerin– mit dem Besuch der vatikanischen Museen. Die Kanzlerin begutachtet Raphael – und eine Kamera filmt munter den Gang Merkels durch die Gemäldesäle. Der Termin ist nicht presseöffentlich, die Kanzlerin hat sich den »privaten« Museumsbesuch gegönnt. Fürs »Regierungsfernsehen« ist es das Größte. Am anderen Tag gibt es dann noch einen Clip vor dem Apostolischen Palast.

Merkel und die Päpste, inzwischen ist aus einer schwierigen Beziehung und einer zeitweilig politischen Beziehung auch eine fast touristische geworden. 2016 ist Merkel zur Karlspreisverleihung wieder im Vatikan und zum Festakt 70 Jahre Römische Verträge 2017 kommt sie das vierte Mal zum Papst nach Rom. Nur nach Deutschland ist Papst Franziskus, trotz Drängen der Kanzlerin, noch nicht gereist. Und auch das gemeinsame Pizza-Essen fehlt noch.

Merkel – und jetzt? Ein Ausblick

Bei einer Merkel-Fragestunde während einer Regionalkonferenz der Partei vor einigen Jahren stand ein Mann auf und beklagte sich über die aufgerissenen Straßen in seinem Wohnort. Erst seien neue Abwasserrohre verlegt worden, dann kamen neue Stromkabel. Nun sollten endlich die ersehnten schnellen Leitungen der Telekom kommen und wieder drohe sein Hauseingang zur Baustelle zu werden ….

Es ist nicht völlig ungewöhnlich, dass Menschen sich mit den alltäglichsten Sorgen an die Bundeskanzlerin wenden. Es stört sie auch nicht, wenn Merkel gerade von der Finanz- und Wirtschaftskrise berichtet, über Krisen in der Ukraine oder in Syrien räsoniert und mehr oder weniger mit der Rettung der Welt beschäftigt ist. Der eigene Bürgersteig ist dem Bürger näher als manche holprige Straße, die nach Straßburg oder Brüssel, nach Moskau oder Ankara oder gar nach Washington führt.

Die Deutsche Telekom gehöre doch noch mehrheitlich dem Bund, erklärte der Mann weiter. Ob sie, Merkel, denn nicht mal mit dem Telekom-Chef sprechen könne, dass das mit dem Leitungsverlegen besser koordiniert werde. Zurzeit sei bei ihm zuhause der Straßengraben sowieso freigelegt, da könne man doch gleich bequem die Glasfaserkabel verlegen. Wäre doch ärgerlich, wenn die Telekom jetzt erst in einem halben Jahr käme und dann selbst wieder den Bagger bestellen müsse.

Politik liefert manchmal die Realsatire gleich selbst. Aber die beste Unterhaltungskünstlerin ist Merkel. Sie rettet die Situation, ignoriert das Raunen im Saal und liefert unbewusst das Bauprinzip ihrer Politik mit.

Das Zauberwort heißt »Leerrohre«. Zunächst bedauert Merkel gegenüber dem Fragesteller ganz brav, mit dem Telekom-Chef in der Sache nicht sprechen zu können. Das sei ja nun mal der Sinn von Privatisierung, dass die Unternehmen selbst agieren könnten und die Kanzlerin nicht reinrede. Im Übrigen sei das für die Telekom bestimmt schwierig, immer im Blick zu haben, wann irgendwo gebuddelt werde. »Aber«, sagt Merkel, blickt auf, macht eine Pause: »Kennen sie Leerrohre?« Sie wisse von Kommunen, die würden Leerrohre verlegen. Das seien Rohre, die könnten später alles aufnehmen, was man gerne noch unterirdisch verkabeln oder verlegen wolle. Da würde man nur einmal alles aufreißen, Leerrohre rein, und man sei für alle Eventualitäten später gerüstet. »Kluge Bürgermeister verlegen Leerrohre«, sagt Merkel, lächelt, nickt heftig und freut sich, so scheint es, mal wieder diebisch selbst im Straßenbau Bescheid gewusst und auch geholfen zu haben.

Leerrohre hat Merkel schon viele verlegt. Mehr oder weniger unbemerkt hat sie das ganze politische Terrain mit Leerrohren durchzogen. Sie ist auf alle Eventualitäten eingestellt. Es scheint bisweilen die moderne Variante der Hase-und-Igel-Geschichte zu sein. Wo auch immer die politischen Gegner, ob innerparteiliche oder auch vom Koalitionspartner oder gar von der Opposition, hinrennen, Merkel ist schon da. Sie macht das nicht, wie in der Geschichte der Igel mit einem Double. Sie macht es mit Leerrohren, den Geheimgängen ihrer Macht. Sie hat schon alles untertunnelt. Das bedeutet nicht, dass sie schon festgefügte Lösungen parat hielte, sondern schlicht nur, dass sie in einem prinzipiellen Sinne vorbereitet scheint.

Die Energiewende hatte sie schon früh angelegt. Als Umweltministerin im Kabinett Kohl hat sie sich in das Thema eingearbeitet. In ihrem einzigen programmatischen Buch »Der Preis des Überlebens« spricht sie 1997 schon von einer energiepolitischen »Zeit des Übergangs« hin zu regenerativen Energiequellen. Die Klimakanzlerin der Großen Koalition hatte schon alle Winkel des umweltpolitischen Themenfeldes untergraben. Keineswegs hat sie sich in allen Feldern inhaltlich schon festgelegt, nur hat sie alles eben schon strategisch durchschaut – und kann dann schnell eine Leitung hinterher schieben.

Das größte Problem sei, dass Merkel tatsächlich alles weiß, hat mal ein früheres Präsidiumsmitglied geklagt. Man könne ihr weder auf die kumpelhafte Tour kommen, auf die schon gar nicht, noch auf dem inhaltlichen Weg, da sei man immer unterlegen, was es auch sei. Die Merkel'schen Leerrohre eben, die liegen schon überall. Da muss man nicht ständig die Straße auf buddeln – und die ganze politische Landschaft umpflügen.

Merkel kann kaum etwas aus dem Konzept bringen, so scheint es. War das nun in der Flüchtlingskrise anders? War in den turbulenten Monaten im Herbst 2015 tatsächlich ein Kontrollverlust, ein Staatsversagen eingetreten, der auf eine Planlosigkeit der Kanzlerin rückschließen ließe? Oder hatte sie schon vorgebaut, gab es »Leerrohre«?

Bereits am 31. Oktober 2014, also ein Jahr vor der spektakulären Eskalation der Flüchtlingskrise, spricht Angela Merkel erstmals in Templin in der Kirche ihrer Heimatstadt. Es ist eine ungewöhnlich persönliche Ansprache, die die Frage behandelt, wie die christliche Haltung in ethisch schwierigen Fragen eine Entscheidungshilfe sein kann. Anders als es bisweilen beschrieben wurde, spricht sie schon damals die Flüchtlingsproblematik an und weist genau auf den Zwiespalt hin, den die deutsche Öffentlichkeit dann ein Jahr später über mehrere Monate in einen politischen Ausnahmezustand versetzen sollte. In diesem Jahr seien über zweihunderttausend Flüchtlinge gekommen. Es gebe eine große Hilfsbereitschaft gerade von christlichen Gemeinden, weiß Merkel schon 2014 ein Jahr vor der »Willkommenskultur« zu berichten. Und sie erklärt: die Frage sei allein »durch die individuelle Solidarität noch nicht gelöst«.

Wer Merkel verstehen will, muss ihren manchmal reichlich verschachtelten Sätzen lauschen – und zwar bisweilen vor der Zeit. Denn Merkel durchdenkt die Dinge früh. »In Afrika lebt eine Milliarde Menschen. Die allermeisten davon leben sehr viel schlechter als wir. Mit welchen Maßstäben sollen wir sagen: Die einen dürfen kommen, die anderen nicht? Kann der Maßstab sein, dass ich einen Schlepper kenne, dass ich das Geld habe, dass ich den Schlepper zahle? Wir müssen ein offenes Herz haben, aber wir wissen auch, dass wir alle Menschen in Not nicht aufnehmen können.« Dann spricht sie noch die Problematik der Entwicklungshilfe an und schließt mit dem Eingeständnis: »Ich habe darauf noch keine Antworten.« Ein typisches Leerrohr.

Ein paar Wochen vor dem Herbst 2015, als Flüchtlinge Selfies mit der Kanzlerin machen, spielt sich die Szene mit dem Flüchtlingsmädchen Reem Sahwil ab. Auch sie ein Hinweis, dass die Flüchtlingsthematik bei Merkel natürlich vielschichtiger zu sehen ist, als es mit dem Schlagwort der »Grenzöffnerin« passiert. Vielleicht ist die Begegnung mit Reem eine Schlüsselszene von Merkels Kanzlerschaft und ein Lehrstück in politischer Kommunikation.

Am 14. Juli 2015 spricht sie in Rostock im Rahmen des so genannten Bürgerdialogs der Bundesregierung mit Schülern. Die damalig 14-jährige Reem schildert der Kanzlerin von der drohenden Abschiebung, die ihrer palästinensischen Familie drohe. Es entwickelt sich ein etwas längeres Gespräch was in der relativ schroffen Aussage der Kanzlerin mündet, dass Deutschland nicht alle aufnehmen könne, denen es in ihrer Heimat schlecht gehe. Nur wer berechtigten Grund auf Asyl habe, könne bleiben. Als das Mädchen in Tränen ausbricht, geht Merkel auf sie zu und versucht sie zu trösten. Das Medienecho war verheerend. Merkel sei zu kaltherzig gewesen und das Streicheln übergriffig. Manche haben später geschrieben, diese unangenehme Begebenheit habe Merkel später dazu veranlasst, eine weiche, barmherzige Seite zu zeigen, um das strenge Bild von ihr auszugleichen. Doch ihr politischer Kernsatz, dass nicht alle bleiben können, die Zuflucht suchen, der hat sich eben nie verändert. Nur die Zuschreibungen variieren.

Schon 15 Jahre zuvor, im Juni 2000, Merkel war gerade nach heftigen innerparteilichen Querelen CDU-Vorsitzende geworden, musste sie sich Fragen der Zuwanderungspolitik stellen. Schon damals balancierte sie auf der Mittellinie, auf der einen Seite der Kritik der Kirche ob einer drohenden harten Linie ausgesetzt, auf der anderen Seite lauerten ihre innerparteilichen Widersacher mit Forderungen nach Einschränkungen des Asylrechts.

Damals sagt sie gegenüber Christoph Arens von der Katholischen Nachrichten-Agentur (KNA): »Natürlich beeinflusst das »C« die täglichen politischen Entscheidungen. Und wenn Sie das Asylrecht ansprechen, dann bedeutet das natürlich, dass unser Bekenntnis zum Recht auf Asyl auch darauf basiert, dass Menschen in Not uns unter bestimmten Bedingungen brauchen. Allerdings sind aktuelle politische Entscheidungen auch immer Entscheidungen in Konflikten, das heißt, ich kann nicht allen Menschen gleichzeitig auf der Welt helfen, und das macht auch das Dilemma von Politik aus.«

Die Antwort ist typisch Merkel, verblüffend zeitlos, sie passt auch auf die Situation 2015 – allen anderen Interpretationen zum Trotz. Man kann auch sagen, Merkel ist im Kern ziemlich langweilig, weil sie sich selbst sehr treu bleibt, was auch immer für ein Wind tost. Dazu gehört dann aber auch eine große Flexibilität, was das konkrete politische Agieren angeht. Bedeutet diese Flexibilität, dass ein grundlegender Wandel von Merkels Politikstil möglich ist?

»Barmherzigkeit« sei Merkels neue Stärke, somit sei sie zur Verteidigerin westlicher Werte geworden, gar zu Führerin der freien Welt, heißt es in internationalen Medien nach dem Höhepunkt der Flüchtlingskrise. Das Time Magazin macht sie zu *person auf the year*. Merkel erlebt geradezu eine Apotheose, der ehemalige Präsident Barack Obama führt die Schar der Merkel-Bewunderer an. Der neue französische Präsident Emanuel Macron hat die Wahl sogar als Merkel-Unterstützer gewonnen. Es ist zugleich unwirklich, denn zumindest verbale Gegner scheint es auf der anderen Seite gerade nun auch umso mehr zu geben, darunter immerhin der neue US-Präsident Donald Trump, von Putin, Orban und Erdogan ganz zu schweigen.

Vor allem sind es die christlichen Kirchen, die in der Flüchtlingskrise die Kanzlerin loben. Endlich besinne sich Merkel auf das »C«, dies sei ein großes Werk. »In einer kritischen Phase Europas hat Angela Merkel ein wichtiges Zeichen für Humanität gesetzt und in der Politik ein Beispiel christlicher Nächstenliebe gegeben«, sagt Kardinal Reinhard Marx in der Laudatio zur Verleihung des Eugen-Bolz-Preises. Es gab auch Zeiten, als die katholische Kirche keine Auszeichnungen für Merkel parat hatte. Dass die Kirchen derart deutlich und in verschiedenen Formaten die Kanzlerin und ihre Politik würdigen, ist ein Novum ihrer Kanzlerschaft. Bedeutet dies aber auch, dass daran wirklich eine christliche Kehrtwende ihrer Person oder ihrer Politik festzumachen wäre?

In seinem detailgenauen und aufschlussreichen Buch »Die Getriebenen« zeichnet der Welt-Journalist Robin Alexander die dramatischen Monate der Flüchtlingskrise nach und beschreibt die inneren politischen Prozesse des Berliner Machtapparates. An mehreren Stellen erklärt er: Merkel sei mehr eine Getriebene gewesen als eine planvolle Strategin. Sie war es, die im Sommer 2015 als »gefühlskalt« dargestellt wurde. Sie musste sich vorwerfen lassen, noch kein Flüchtlingsheim besucht zu haben. Es gab geradezu eine Kampagne für mehr Flüchtlingshilfe – lange bevor Merkel zur Flüchtlingskanzlerin avancierte. Merkel reagiert mit ihren Entscheidungen auf eine allgemeine Stimmungslage.

»Angela Merkel hat die Willkommenskultur nicht erschaffen«, schreibt dann Robin Alexander, auch nicht mit ihrer spektakulären Grenzöffnung. »Eher war es andersherum: Die Begeisterung der Bevölkerung über die eigene Moral riss auch die Regierende mit.« Und der Journalist konstatiert, Merkel treffe eine Mitschuld, weil sie nicht die Erwartungen gedämpft habe, stattdessen auf der Begeisterungswelle habe mitsurfen wollen. Doch eine neue Kanzlerin hat die Flüchtlingskrise eben nicht hervorgebracht. Merkel bleibt die alte.

Der erfahrene Hauptstadtjournalist der Nachrichtenagentur Reuters, Andreas Rinke, hat in seinem jüngst vorgelegten umfassenden wie gründlichen »Merkel-Lexikon« vier mögliche Motivlagen der Flüchtlingskanzlerin ausgemacht. Eins davon sei die christliche, die er in Merkels Herkunft aus einem protestantischen Pfarrhaus festmacht. Doch allein erklärt dies eben nichts. Weitere Begründungszusammenhänge kommen laut Rinke hinzu: Europa vor allem, DDR-Erfahrung und Nazi-Vergangenheit führt er an.

Merkel habe das Land entpolitisiert, sie verweigere die politische Debatte mit ihrem Pragmatismus, die »unterzuckerte Republik« hatte der *Spiegel* einst geschrieben. Alles das sollte nun vorbei sein. Die Flüchtlingskrise hat das Land in einer lange nicht mehr gekannten Weise politisiert. Die Sicht auf Merkel hat sich bei vielen und in unterschiedlicher Art verändert. Ob sie sich selbst aber verändert hat, ist dabei noch die offene Frage.

Die atemberaubende Achterbahn ihres politischen Lebensweges hat durch die Jahre 2015 bis 2017 und die als Flüchtlingskrise beschriebene politische Lage und Debatte wiederum eine neue Eskalationsstufe erreicht, die kaum für möglich zu halten war. Noch fehlt der gebührende Abstand für eine historische Bewertung. Allein noch durch das Brennglas der Gegenwart betrachtet erscheint es so, als habe die Kanzlerschaft Merkel erst jetzt ihre eigentliche Bestimmung gefunden, wird der Eintrag ins Geschichtsbuch lediglich an diesen Themen der Zuwanderung und Integration sich orientieren. Doch ziemlich sicher ist das zu kurz gegriffen. Weder taucht das Thema Flüchtlinge erst vor zwei Jahren im politischen Horizont Merkels auf, noch ist es isoliert und ohne Kontext ihres gesamten politischen Denkens zu betrachten.

Doch was die Charakterisierungen angeht, hat eben auch gerade das Flüchtingsthema zu einer bisher kaum gekannten Ablehnung Merkels geführt. Dabei gehören etwa die Worte »Verräterin« oder »Deutschlands Totengräberin« noch zu den harmlosen Ausdrücken einer Anti-Merkel-Stimmung, die ihr im Internet aber auch draußen auf der Straße entgegengeschleudert werden. Merkel hatte nicht immer nur Fans, schon immer gab es Ablehnung, doch so extreme Widersacher, wie ihr ab Herbst 2015 erwachsen sind, hatte sie in Zahl und Schärfe zuvor nicht. Auch deswegen fügt sich so ein neuer Aspekt zu ihrer Biografie hinzu.

Möglicherweise reicht Merkels Netz an Leerrohren noch in weiteres – noch unbekanntes – politisches Terrain hinein. Im Herbst 2017 scheint eine abermalige Wahl Merkels zur Kanzlerin wahrscheinlich. Es wäre ihre vierte Wahlperiode. In welcher Konstellation auch immer. Und im Sommer 2017 raunen schon einige CDU-Granden, selbstverständlich werde Merkel für volle vier Jahr antreten – und dann sei auch eine abermalige Kanzlerkandidatur Merkels 2021 durchaus möglich. Genauso war es bei Helmut Kohl, auch er war 16 Jahre Kanzler, trat 1998 noch mal an – und verlor dann allerdings.

Es gibt Leute, die sagen, CDU-Kanzler können nur bei Wahlen gestürzt werden. Denn trotz aller innerparteilichen Kritik funktioniert die Partei wie eine Kanzlermaschine. Ein Putsch ist fast undenkbar. Selbst in der Hochphase der Flüchtlingskrise kam es nicht dazu, was soll jetzt noch passieren?

Vor allem das Sicherheitsbedürfnis der Deutschen bei gleichzeitig völlig unsicherer Weltlage spricht für Merkel. Sie ist die mit Abstand dienstälteste Regierungschefin aller führenden westlichen Industriestaaten. Das gibt ihr auf internationalem Parkett einen Wissens- und Souveränitätsvorsprung, der kaum einzuholen ist. Gerüchte, sie könne UNO-Generalsekretärin werden, sind schon deshalb hinfällig, weil dies für Merkel einen erheblichen Macht- und Einflussverlust bedeuten würde. Warum sollte sie das tun?

Sie erklärt selbst, noch genug Energie und Ansporn für ihre Arbeit zu verspüren, doch ist diese Eigenmotivation stark gekoppelt an den Gestaltungsmöglichkeiten, die sie nun in Europa und der Welt hat. Wenn Merkel die Flüchtlingskrise übersteht und die Bundestagswahl gewinnt, steigt ihre außenpolitische Potenz noch einmal mehr. Ihre Widersacher werden sich mit ihr arrangieren müssen. US-Präsident Trump scheint diesen Weg schon eingeschlagen zu haben.

Innenpolitisch und innerparteilich hingegen sieht es für Merkel anders aus. Zwar wählen wohl die meisten in Deutschland lieber die Sicherheit als den Wechsel, so scheint es zumindest. Dennoch ist nach zwölf Jahren Kanzlerschaft ein gewisser Überdruss geradezu wahrscheinlich und auch zu spüren. Eigentlich ist der Fortbestand der Kanzlerschaft Merkel so wahrscheinlich, wie es unwahrscheinlich war, dass sie überhaupt begonnen hat. Es scheint so, dass Merkel den Deutschen ein emotionsloseres, ein rationaleres Verhältnis zur Politik, wenn nicht beigebracht so doch es verstärkt hat.

Die Deutschen haben sich an eine Merkel-Republik gewöhnt, ob der Ausgang aus diesem Modus des Politik-Machens bei der kommenden Wahl gefunden wird, ist noch nicht ganz klar. Bislang zumindest haben etwa bessere rhetorische Fähigkeiten, klarere programmatische Ziele oder auch nur ein smarteres und kommunikativeres Auftreten Merkels möglichen oder tatsächlichen Konkurrenten keinen Vorteil verschafft. Noch ist in Deutschland weder ein Emanuel Macron in Sicht noch eine einem Donald Trump ähnliche politische

Figur. Das politische Personal der Opposition in Deutschland hält derzeit auch keine politische Gestalt wie den österreichischen Sebastian Kurz bereit. Möglicherweise aber wachsen die Opponenten heran – und beenden dann doch irgendwann eine Ära Merkel, die sich derzeit noch ziemlich alternativlos darstellen kann.

Nachwort

Biografien über Angela Merkel haben notwendigerweise noch . etwas Vorläufiges und Bruchstückhaftes. Vielmehr sind die meisten Bücher, die bislang über Angela Merkel erschienen sind, Mischungen aus biografischen Materialsammlungen und journalistischen Porträts. Auch das vorliegende Buch versteht sich als ein solcher Versuch der Annährung auf dem Weg. 2009 erschien die erste Ausgabe der »Protestantin« im St. Benno Verlag. Seither sind verschiedene Aktualisierungen erschienen.

Nun liegt die Taschenbuchausgabe als völlig überarbeitete und aktualisierte Neuauflage vor. Dabei habe ich auf die verschiedenen Ausgaben zurückgegriffen wie auch auf meinen Titel »Die Kanzlermaschine«, der 2013 im Herder Verlag erschienen ist.

Für die vorliegende Neuausgabe habe ich versucht, alle Buchveröffentlichungen zur Kanzlerin zu sichten und auszuwerten, sie finden sich hoffentlich vollständig im Literaturverzeichnis. Die vier umfangreichen Biografien von Wolfgang Stock (Erstauflage 2000), Evelyn Roll (2001), Gerd Langguth (2005) und Jacqueline Boysen (2005) sind dabei nach wie vor besonders wichtig. Eine wertvolle Quelle waren auch der Interviewband von Hugo Müller-Vogg (2004) sowie das ungewöhnliche Bild- und Gesprächsbuch »Spuren der Macht« von Herlinde Koelbl (1999).

Für mein Porträt über Angela Merkel, das bestimmte Aspekte ihres Lebens besonders herausgreift, habe ich einige Gespräche geführt mit Weggefährten, Freunden, politischen Gegnern sowie Mitstreitern und Mitarbeitern. In den meisten Fällen baten die Interviewten um Vertraulichkeit, so dass ich deren Namen nicht veröffentliche.

Zudem habe ich als Journalist für verschiedene Medien Interviews mit der Kanzlerin geführt, deren Inhalte in das Buch eingeflossen sind. Ich bedanke mich ganz herzlich bei meinen Gesprächspartnern für das offene Wort und die Zeit, die sie sich genommen haben, um der Persönlichkeit von Angela Merkel weiter nachzuspüren.

Bei der Entstehung des Buches und auch der Neuauflage haben mir einige Personen mit gutem Rat und Hilfe zur Seite gestanden. Bei all denen, besonders bei meiner neuen Lektorin Katrin Pommer, möchte ich mich herzlich bedanken.

Juli 2017, Volker Resing

Zeittafel

1954

17. Juli Angela Dorothea Kasner wird in Hamburg als erstes Kind des Theologiestudenten Horst Kasner und der Lehrerin Herlind Kasner, geb. Jentzsch, geboren. Wenige Wochen nach der Geburt erfolgt der Umzug von Hamburg nach Quitzow (Perleberg) in die DDR.

1957

Umzug nach Templin. Vater Kasner übernimmt die Leitung des Seminars für kirchliche Dienste, später Pastoralkolleg, auf dem Waldhof bei Templin in der Uckermark.

1961

Einschulung an die Polytechnische Oberschule, die zunächst noch Goethe-Schule hieß, später nach Hermann Matern, einem SED-Funktionär und »Helden des Sozialismus«, benannt wurde.

1970

Konfirmation in der St.-Maria-Magdalenen-Kirche in Templin.

1973

Abitur an der Erweiterten Oberschule (EOS) mit Notendurchschnitt 1,0. Umzug nach Leipzig. Beginn des Physikstudiums an der dortigen Karl-Marx-Universität.

1977
Hochzeit mit ihrem ersten Mann, Ulrich Merkel. Kirchliche Trauung in Templin.

1978
Abgabe der Diplomarbeit, Ende des Studiums in Leipzig.
Umzug nach Berlin. Arbeit am Zentralinstitut für Physikalische Chemie (ZIPC) der Akademie der Wissenschaften in Berlin-Adlershof, Beginn der Promotion.

1982
Scheidung der kinderlos gebliebenen Ehe.

1986
Promotion zum Dr. rer. nat.

1989
Nach dem Mauerfall im Dezember Kontakt zur neuen Partei »Demokratischer Aufbruch«. Zunächst hilft sie als EDV-Administratorin, später wird sie Pressesprecherin.

1990
Am 18. März erste freie Volkskammerwahl der DDR. Lothar de Maizière wird Ministerpräsident, Angela Merkel stellvertretende Regierungssprecherin.
Am 2. Oktober tritt Angela Merkel in die CDU ein.
3. Oktober: Nach der Deutschen Einheit wird sie zunächst Mitarbeiterin im Bundespresseamt.
2. Dezember: Bei der ersten gesamtdeutschen Wahl erringt sie ein Direktmandat in ihrem Wahlkreis Rügen und zieht als Abgeordnete in den Deutschen Bundestag ein.

1991
Am 18. Januar wird sie als Bundesministerin für Frauen und Jugend im Kabinett von Kanzler Helmut Kohl vereidigt.
Im Dezember wird sie zur stellvertretenden Bundesvorsitzenden der CDU in Nachfolge von Lothar de Maizière gewählt.

1992

Im September wird sie zur Vorsitzenden des Evangelischen Arbeitskreises der CDU gewählt.

1993

Im Juni Wahl zur CDU-Landesvorsitzenden von Mecklenburg-Vorpommern.

1994

Bei der Bundestagswahl am 16. Oktober 1994 wird sie erneut als Direktkandidatin in den Bundestag gewählt.

17. November: Vereidigung als Bundesministerin für Umwelt, Naturschutz und Reaktorsicherheit.

1995

28. März bis 7. April: Umweltministerin Merkel leitet den UN-Klimagipfel in Berlin.

1998

Am 27. September gewinnen SPD und Grüne die Bundestagswahl. Merkel verteidigt ihr Bundestagsmandat, verliert aber das Ministeramt.

Am 7. November wird sie zur neuen CDU-Generalsekretärin gewählt. Neuer CDU-Vorsitzender ist nach Kohl nun Wolfgang Schäuble.

Am 30. Dezember heiratet Angela Merkel ihren langjährigen Partner, den Chemieprofessor Dr. Joachim Sauer. Es findet keine kirchliche Trauung statt.

1999

In einem Beitrag für die *Frankfurter Allgemeine Zeitung* am 22. Dezember bricht die CDU-Generalsekretärin mit dem Ehrenvorsitzenden Helmut Kohl. Angesichts der Spendenaffäre müsse die Partei jetzt ihre Zukunft ohne ihn gestalten.

2000

Am 16. Februar tritt Wolfgang Schäuble als CDU-Vorsitzender zurück. In den kommenden Wochen entwickelt sich Angela Merkel zur Favoritin für die Nachfolge.

Am 10. April wählt der Bundesparteitag in Essen Angela Merkel zur CDU-Parteivorsitzenden.

2002

Verzicht auf die Kanzlerkandidatur, Edmund Stoiber wird Spitzenkandidat für die Bundestagswahl.

Bei der Bundestagswahl am 23. September kann Bundeskanzler Schröder seine Mehrheit knapp verteidigen. Stoiber verliert. Angela Merkel übernimmt den Unions-Fraktionsvorsitz von Friedrich Merz.

2003

22. März: Unter Führung der USA beginnen die Koalitionstruppen ihre Irakinvasion, in deren Folge der Diktator Saddam Hussein gestürzt wird.

Am 27. Mai trifft Merkel Johannes Paul II. im Vatikan zu einem 15-minütigen Gespräch.

Beim Leipziger Parteitag im Dezember beschließt die Union die von Merkel geforderten umfassenden Reformpläne für die Bereiche der Sozial-, Wirtschafts- und Gesundheitspolitik.

2004

Am 23. Mai wird Horst Köhler zum neuen Bundespräsidenten gewählt. Merkel setzt ihn gegen Widerstände in den eigenen Reihen durch.

2005

Am 30. Mai wird Merkel vom Parteipräsidium zur Kanzlerkandidatin für die vorgezogenen Bundestagswahlen nominiert.

Bei der Bundestagswahl am 18. Dezember schneidet die Union überraschend schlecht ab. Die angestrebte CDU-FDP-Regierung kann nicht gebildet werden. Angela Merkel kann sich in den Tagen danach dennoch durchsetzen und bleibt Fraktionsvorsitzende.

Am 22. November wählt der Bundestag Angela Merkel nach zähen Koalitionsverhandlungen zur ersten Kanzlerin der Bundesrepublik Deutschland. Sie steht einer großen Koalition vor, der acht SPD-Minister und sieben Unionsminister angehören.

2006

Bereits nach wenigen Wochen im Amt steigt Angela Merkel die Beliebtheitsskala nach oben. Teilweise liegen ihre Werte bei Umfragen über denen von Kohl zu dessen besten Zeiten.

Fußball-Sommermärchen in Deutschland: Merkel gibt sich volkstümlich auf der Tribüne und feiert die Siege der deutschen Mannschaft mit. Beim Parteitag im Dezember in Dresden stößt Merkels Modernisierungskurs auf Widerspruch. Dazu gehören die Themen Elterngeld, Stammzellforschung und auch die Frage von Hartz IV für ältere Arbeitnehmer.

2007

Angela Merkel hat für ein halbes Jahr den Vorsitz im Europäischen Rat inne. Gleichzeitig übt sie für ein Jahr den Vorsitz in der Gruppe der acht stärksten Wirtschaftsnationen (G8) aus.

6. bis 8. Juni: Gipfel der G8 in Heiligendamm.

21. bis 22. Juni: Europäischer Rat in Brüssel. Merkel erreicht eine Einigung im Prozess des EU-Verfassungsvertrags.

23. September: Die Bundeskanzlerin empfängt den Dalai-Lama im Bundeskanzleramt.

2008

11. April: Der Bundestag beschließt eine Änderung des Stammzellgesetzes, mit der die Forschung an embryonalen Stammzellen in Deutschland ausgeweitet wird.

Am 8. Oktober gibt Angela Merkel im Zuge der Finanzkrise eine Garantieerklärung für alle deutschen Spareinlagen ab.

2009

Die Bundestagswahl am 27. September beschert der gewünschten christlich-liberalen Koalition eine Mehrheit, obwohl CDU/CSU das schlechteste Ergebnis ihrer Geschichte einfahren.

Am 28. Oktober wird Angela Merkel erneut im Bundestag zur Bundeskanzlerin gewählt.

2010

Nach dem Rücktritt von Bundespräsident Horst Köhler wählt die Bundesversammlung am 30. Juni Christian Wulff zum neuen Staatsoberhaupt. Merkel hatte CDU/CSU und FDP den niedersächsischen Ministerpräsidenten als gemeinsamen Kandidaten vorgeschlagen.

Im November wird Angela Merkel als Parteivorsitzende auf dem CDU-

Parteitag in Karlsruhe wiedergewählt. Sie ist jetzt zehn Jahre an der Spitze der CDU.

2011

4. Juni: Beim 33. Evangelischen Kirchentag in Dresden spricht Angela Merkel zum Thema »Auf dem Weg zu einer neuen Weltordnung?«

7. Juni: Barack Obama verleiht Angela Merkel während eines Staatsbanketts im Rosengarten des Weißen Hauses die US-Freiheitsmedaille, die höchste zivile Ehrung der USA.

2. September: Angela Merkels Vater Horst Kasner stirbt im Alter von 85 Jahren. Für den darauffolgenden Tag sagt Angela Merkel alle Termine ab.

22. September: Beim Deutschlandbesuch von Benedikt XVI. treffen sich Papst und Kanzlerin zu einer offiziellen Begegnung und bei den Gottesdiensten in Berlin und Erfurt.

2013

Nach der Bundestagswahl wird erneut eine Große Koalition unter Führung von Angela Merkel gebildet.

2014

Angela Merkel ist die am längsten amtierende Regierungschefin Europas und nach Adenauer und Kohl die Kanzlerin mit der längsten Amtszeit.

2015

Im Februar empfängt Papst Franziskus Merkel zu einer Audienz.

4. September: Durch die Entscheidung in Ungarn festsitzende Flüchtlinge nach Deutschland reisen zu lassen, spitzt sich die Flüchtlingskrise in den darauffolgenden Monaten zu. Der Streit um »Offene Grenzen« bzw. die Begrenzung der Zuwanderung werden zum alles beherrschenden politischen Thema.

22. November: Angela Merkel ist seit zehn Jahren Kanzlerin.

20. Dezember: Angela Merkel ist seit 25 Jahren Abgeordnete des Deutschen Bundestages.

9. Dezember 2015: Das *Time Magazine* kürt Angela Merkel zur *Person of the Year*. Die Zeitschrift hebt sie auf das Cover und bezeichnet sie als *Chancellor of the Free World* (Kanzlerin der Freien Welt).

2016

23. Juni: Knapp 60 Prozent der Wahlberechtigten stimmen für den Austritt Großbritanniens aus der Europäischen Union. Merkel bedauert den Brexit, der neben der Bewältigung der Flüchtlingskrisen zu einem ihrer wichtigsten Themen wird.

8. November: Donald Trump wird zum 45. Präsidenten der USA gewählt. Merkel gratuliert Trump nicht ohne Hinweis auf die »gemeinsamen Werte«, die Grundlage der Zusammenarbeit sein müssten.

20. November: Merkel gibt bekannt, erneut für den CDU-Vorsitz kandidieren zu wollen und bei der Bundestagswahl 2017 wieder als Kanzlerkandidatin ihrer Partei antreten zu wollen.

6. Dezember: Auf dem CDU-Bundesparteitag in Essen wird sie mit 89,5 Prozent als Parteivorsitzende wiedergewählt.

2017

14. Mai: Die Landtagswahl im bevölkerungsreichsten Land Nordrhein-Westfalen bringt einen Wahlsieg für Schwarz-Gelb und ein Ende der Rot-Grünen-Koalition. Eine erneute CDU/CSU-FDP-Koalition auf Bundesebene erscheint für Merkel erstmals wieder als Möglichkeit am Horizont.

27. Mai: Treffen der G7 mit Donald Trump auf Sizilien. Merkel ist enttäuscht von der Blockadehaltung des amerikanischen Präsidenten. Ihre Schlussfolgerung: »Wir Europäer müssen unser Schicksal wirklich in unsere eigene Hand nehmen.«

24. September: Bundestagswahl

Ausgewählte Literatur

Alexander, Robin: Die Getriebenen. Merkel und die Flüchtlingspolitik: Report aus dem Inneren der Macht. Siedler, München 2017.

Boysen, Jacqueline: Angela Merkel. Eine Karriere. Ullstein, Berlin 2005.

Dempsey, Judy: Das Phänomen Merkel – Deutschlands Macht und Möglichkeiten. Edition Körber-Stiftung, Hamburg 2013.

Ernst-Bertram, Bettina und Planer-Friedrich, Jens: Pfarrerskinder in der DDR. Außenseiter zwischen Benachteiligung und Privilegierung. Hg. v. Bürgerbüro e. V. Berlin 2008.

Höhler, Gertrud: Die Patin. Wie Angela Merkel Deutschland umbaut. Orell Füssli, Zürich 2012.

Koelbl, Herlinde: Spuren der Macht. Die Verwandlung des Menschen durch die Macht. Eine Langzeitstudie. Knesebeck, München 1999.

Kurbjuweit, Dirk: Angela Merkel. Die Kanzlerin für alle? Hanser, München 2009.

Langguth, Gerd: Angela Merkel. Aufstieg zur Macht. Dtv, München 2007.

Lau, Mariam: Die letzte Volkspartei. Angela Merkel und die Modernisierung der CDU. DVA, München 2009.

Leinemann, Jürgen: Höhenrausch. Die wirklichkeitsleere Welt der Politiker. Heyne, München 2004.

Lohmann, Martin: Das Kreuz mit dem C. Wie christlich ist die Union? Butzon & Bercker, Kevelar 2009.

Merkel, Angela: Mein Weg. Angela Merkel im Gespräch mit Hugo Müller-Vogg. Hoffmann und Campe, Hamburg 2004.

Neubert, Ehrhart: Unsere Revolution. Die Geschichte der Jahre 1989/90. Piper, München 2008.

Mishra, Robin: Angela Merkel – Machtworte. Die Standpunkte der Kanzlerin. Herder, Freiburg 2010.

Orth, Stefan und Resing, Volker (Hg.): AfD, Pegida und Co. Angriff auf die Religion. Edition Herder Korrespondenz. Herder, Freiburg 2016.

Ockenfels, Wolfgang: Das hohe C. Wohin steuert die CDU? Sankt Ulrich Verlag, Augsburg 2009.

Rinke, Andreas: Das Merkel Lexikon. Die Kanzlerin von A – Z. Zu Klampen, Springe 2016

Resing, Volker: Die Kanzlermaschine. Wie die CDU funktioniert. Herder, Freiburg 2013.

Resing, Volker (Hg.): Angela Merkel. Daran glaube ich. Christliche Standpunkte. Leipzig 2017.

Reuth, Ralf Georg und Lachmann, Günther: Das erste Leben der Angela M. Piper, München 2013.

Roll, Evelyn: Die Erste. Angela Merkels Weg zur Macht. Rowohlt, Reinbek 2005.

Stock, Wolfgang: Angela Merkel. Eine politische Biographie. Olzog, Neuauflage, München 2005.

Schumacher, Hajo: Die zwölf Gesetzte der Macht. Angela Merkels Erfolgsgeheimnisse. Karl Blessing, München 2006.

Anmerkungen

1 Merkel, Angela, u. a.: In unruhiger Zeit. Reden und Aufsätze aus drei Jahren deutscher Einheit. Berlin 1994, S. 111

2 Merkel, Angela: Mein Weg. Angela Merkel im Gespräch mit Hugo Müller-Vogg. Hamburg 2004, S. 33. Künftig zitiert: Merkel

3 Merkel, S. 30.

4 Ebd.

5 Lau, Mariam: Die letzte Volkspartei. Angela Merkel und die Modernisierung der CDU. München 2009, S. 168.

6 Merkel, S. 29

7 Vgl. Herder Korrespondenz 9/2008, S. 447–451

8 Merkel, S. 30.

9 Vgl. Bassewitz, Sebastian Graf von (Hg.): Angela Merkel. Das Porträt. München, 2009, S. 17

10 Aus: Merkel, Angela: Vorbilder meines Glaubens. In: Deutscher Evangelischer Kirchentag Hamburg 1995. Dokumente. Gütersloh 1995, S. 769–776

11 Ebd.

12 Zitiert nach Koelbl, Herlinde: Spuren der Macht. Die Verwandlung des Menschen durch die Macht. Eine Langzeitstudie. München 1999, S. 48. Künftig zitiert: Koelbl

13 Zitiert nach Koelbl, S. 48

14 Zitiert nach: Roll, Evelyn: Die Erste. Angela Merkels Weg zur Macht. Reinbeck 2005, S. 17. Künftig zitiert: Roll.

15 Zitiert nach: Roll, S. 16.

16 Merkel, S. 39.

17 Vgl. Merkel, S. 29

18 Ebd.

19 Im Gespräch mit dem Autor am 16. Oktober 2008

20 Boysen, Jacqueline: Angela Merkel. Eine Karriere. Berlin 2005, S. 17

21 Im Gespräch mit dem Autor am 9. Oktober 2008

22 Im Gespräch mit dem Autor am 20. November 2008

23 Zitiert nach: Roll, S. 18

24 Langguth, Gerd: Angela Merkel. Aufstieg zur Macht. München 2005, S. 38–39

25 Merkel, S. 37

26 Merkel, S. 37

27 Merkel, S. 29

28 Zitiert nach: Sonntagsblatt – Evangelische Wochenzeitung für Bayern, Nr. 36 aus 2003

29 Interview mit Brigitte Huber und Andreas Lebert. In: Brigitte 18/2005 vom 17.8. 2005

30 Langguth Interview, S. 329

31 Merkel, S. 47.

32 Zitiert nach: Sonntagsblatt – Evangelische Wochenzeitung für Bayern, Nr. 36 aus 2003

33 Im Gespräch mit dem Autor am 22. November 2008.

34 Zitiert nach: Bassewitz, Sebastian Graf von (Hg.): Angela Merkel. Das Porträt. München 2009, S. 15

35 Vgl. Langguth, S. 57–58

36 Merkel, S. 62

37 Zitiert nach: Osang, Alexander: Der Ostdeutsche in Bernstein. Der Spiegel, 30.03.2009, Nr. 14, Seite 44

38 Merkel, S. 63

39 Merkel, S. 33

40 Im Gespräch mit dem Autor.

41 Langguth Interview, S. 338–339

42 Zitiert nach Roll, S. 95

43 Vgl. Merkel, S. 70–71

44 Merkel, S. 72

45 Vgl. Langguth, S. 127

46 Merkel, S. 78

47 Vgl. Osang, Alexander: Die Schläferin. Der Spiegel, 46/2009

48 Merkel, Angela, u. a. (Hg.): In unruhiger Zeit. Reden und Aufsätze aus drei Jahren deutscher Einheit. Düsseldorf–Bonn 1994, S. 109

49 Ebd.

50 Im Gespräch mit dem Autor.

51 Langguth Interview, S. 338-339

52 Zitiert nach Roll, S. 95

53 Vgl. Merkel, S. 70-71

54 Merkel, S. 72

55 Langguth Interview, S. 333.

56 Koelbl, S. 51

57 Vgl. Merkel, Angela: Über Markus 5,21–43, Bibelarbeit. In: Deutscher Evangelischer Kirchentag, Frankfurt am Main 2001. Dokumente, S. 213–220, Gütersloh 2001

58 Vgl. Zolleis, Udo: Die CDU. Das politische Leitbild im Wandel der Zeit. Wiesbaden 2008

59 Vgl. Mishra, Robin: Angela Merkel – Machtworte. Die Standpunkte der Kanzlerin. Freiburg 2010, S. 93

60 Langguth, Gerd: Angela Merkel. Aufstieg zur Macht. München 2007, S. 412

61 Vgl. Frankfurter Allgemeine Zeitung« vom 9. 7. 2008

Die Biografie des
SPD-Kanzlerkandidaten

224 Seiten | Gebunden mit
Schutzumschlag
ISBN 978-3-451-37895-9

Er ist frisch, frech und fröhlich – und er kommt von ganz
unten. Jetzt will er Kanzler werden und den Deutschen wieder
Lust auf Politik machen. Spannend, vielschichtig und mit
zahlreichen unbekannten Details zeigt Manfred Otzelberger,
wer Martin Schulz wirklich ist, woher er kommt und wohin er
will. Eine faszinierende Aufsteigergeschichte, mit vielen Siegen
und auch mit dunklen Seiten: von der rheinischen Kleinstadt
Würselen über Europas Machtzentrale Brüssel an die Spitze der
deutschen Politik.

In jeder Buchhandlung!

HERDER

www.herder.de

Die erste Biografie zum neuen Bundespräsidenten

256 Seiten | Gebunden
mit Schutzumschlag
ISBN 978-3-451-37826-3

Frank-Walter Steinmeier gilt heute als der beliebteste deutsche Politiker und für viele überzeugender Garant der demokratischen Stabilität. Torben Lütjen und Lars Geiges haben nicht nur seinen politischen Weg, sondern auch die gesellschaftlichen Umwälzungen der letzten Jahre beobachtet. Was prägt den Menschen und was treibt den Politiker Steinmeier an? Wer ist der Mann, der Kandidat der Großen Koalition für das Amt des Bundespräsidenten wurde? Ein spannendes Buch über eine ungewöhnliche Biografie und über den Zustand unserer Republik.

In jeder Buchhandlung!

HERDER

www.herder.de

Sicherheit Goodbye?